掌尚文化

Culture is Future

尚文化·掌天下

本书获山东省社会科学规划研究项目"金融发展对经济增长的影响机制及优化策略研究"（23DJJJ07）、青岛理工大学学术著作出版基金资助

THE GROWTH
EFFECTS
OF
CHINA'S
FINANCIALIZATION

中国经济金融化的增长效应研究

宋 博 著

经济管理出版社
ECONOMY & MANAGEMENT PUBLISHING HOUSE

图书在版编目（CIP）数据

中国经济金融化的增长效应研究/宋博著.—北京：经济管理出版社，2023.11
ISBN 978-7-5096-9491-6

Ⅰ.①中…　Ⅱ.①宋…　Ⅲ.①金融业—影响—中国经济—经济增长—研究
Ⅵ.①F124.1

中国国家版本馆 CIP 数据核字（2023）第 217963 号

组稿编辑：张　昕
责任编辑：张　昕　钱雨荷
责任印制：许　艳
责任校对：蔡晓臻

出版发行：经济管理出版社
　　　　　（北京市海淀区北蜂窝 8 号中雅大厦 A 座 11 层　100038）
网　　　址：www.E-mp.com.cn
电　　　话：(010) 51915602
印　　　刷：唐山昊达印刷有限公司
经　　　销：新华书店
开　　　本：710mm×1000mm /16
印　　　张：12.75
字　　　数：213 千字
版　　　次：2023 年 12 月第 1 版　　2023 年 12 月第 1 次印刷
书　　　号：ISBN 978-7-5096-9491-6
定　　　价：98.00 元

前　言

经济金融化是一个国家或地区的经济活动重心由产业部门和其他服务部门向金融部门偏移的动态进程，金融机构、金融工具、金融市场、金融精英的经济活动重要性不断提升。在现代经济中，经济活动与金融活动密不可分，但金融是核心。经济活动重心逐步转向金融部门以及与金融伴随的各类资源向金融部门集聚，必然对实体经济增长、区域经济增长、实体企业价值增长等形成冲击或影响，这种冲击或影响就是经济金融化的增长效应。

20 世纪 90 年代以来，特别是中国加入 WTO 以来，中国稳步融入国际体系，经济持续高速发展，同时由于世界经济金融化、自由化、全球化浪潮的推动，中国经济金融化趋势逐步形成、程度不断提高，其增长效应逐渐显化和扩大。特别是近十年来，中国经济由前 30 年的高速增长减缓为中高速增长，区域经济发展不平衡加剧，泛金融行业——包括金融、保险、房地产的 FIRE（Finance，Insurance，Real Estate）行业——企业和实体产业的成长性迥异。这些现象应在多大程度上归因于经济金融化？经济金融化是经济过热、"助虚向实"的催化剂还是经济衰退或停滞、"脱实向虚"的伴生物？回答这些问题要求我们深入探究中国经济金融化与实体经济、区域经济、企业价值增长的关联机理与作用效应。

在此背景下，考察中国经济金融化的增长效应具有重要理论意义与现实价值。本书依循这一主题，依托经济金融化增长效应的基本原理（其扼要论述见第一章），旨在解答以下四个问题：

(1) 中国经济金融化的发展程度及演化特征。其主要内容是：依托相关理论，界定经济金融化的内涵与外延，构建金融化的度量指标体系（包含金融资产占比、金融业增加值占比、金融利润占比、金融业就业人数占比），运用主成分分析法进行指数合成，量化考察中国经济金融化总体水平、分项差异和演化特征。第二章"中国经济金融化进程的测度与特征"主要解答这一问题，铺垫后续的增长效应等分析。

(2) 中国经济金融化的实体经济增长效应。其主要内容是：基于内生经济增长理论，借助门限回归方法和时变参数向量自回归（TVP-VAR）模型法，选用中国经济金融化指数的同比变化值作为核心解释变量，选用剔除金融业和房地产业的实体经济 GDP 同比增长率作为实体经济增长的代理变量，实证分析中国经济金融化对实体经济增长的影响，以判断不同经济金融化程度下的影响差异和时变效应。第三章"中国经济金融化的实体经济增长效应"主要解答这一问题。

(3) 中国区域经济金融化对区域经济增长的影响。其主要内容是：借助系统 GMM 估计法，基于省级面板数据，选用省级金融业产值占该省份 GDP 的比重作为区域经济金融化的代理变量，选用人均 GDP 来衡量各区域的经济增长水平，将中国划分为四大经济区域，分析不同区域的经济金融化对经济增长的作用方向及力度。第四章"中国区域经济金融化的经济增长效应"主要解答这一问题，以期从经济金融化视角理解区域经济增长差异的成因。

(4) 中国非金融企业金融化的动机及其对企业价值增长的影响。其主要内容是：从金融资产分配角度，选用金融资产占比来衡量企业金融化程度；选用现金流入代表资金管理动机，选用金融收益代表市场套利动机；运用 OLS 回归分析，辨识非金融企业金融化的动机（资金管理动机或市场套利动机）；运用门限回归模型，比较不同企业规模、不同股东激励水平下的企业金融化对企业价值的影响效应。第五章"中国非金融企业金融化的企业价值增长效应"主要解答这一问题。

本书的主要研究发现有以下四点：

第一，中国经济金融化是在波动中逐渐提高的动态进程。中国经济金融化指数在样本初期的 2002 年第一季度为-2.357，在样本末期的 2019 年第四季度为 3.009（亦为样本期内的最大值），据此刻画的中国经济金融化程度大幅上升。但在 72 个季度的样本期间，中国经济金融化指数波动较大，出现了四个谷值、峰值。第一个谷值、峰值分别为 2005 年第一季度的-2.871（也是样本期内最低值）、2007 年第四季度的-0.176；第二个谷值、峰值分别为 2008 年第二季度的-0.970、2009 年第二季度的 1.401；第三个谷值、峰值分别为 2011 年第三季度的-0.703、2016 年第二季度的 2.669；第四个谷值、峰值分别为 2018 年第三季度的 1.088、2019 年第四季度的 3.009。因此，在波动中逐渐上升是中国经济金融化进程的主要演化特征。

第二，当前中国经济金融化程度应结合现实合理下调，以实现增长效应最大化。门限效应显示，在样本区间内，经济金融化的变动值小于-0.420（含）、处于-0.420 和-0.378（含）之间、大于-0.378 时，对实体经济增长的影响系数分别为 0.041、0.058（最大）、0.016（最小）。因此，中国经济金融化程度超过一定范围后，对实体经济增长的影响效应逐渐减弱，经济金融化处于合适区间才能最大化其对经济增长的增进效应。时变效应显示，中国经济金融化对实体经济增长的短期冲击更为强烈，随着时间的推移，冲击逐渐减弱，且冲击的力度和方向存在差异，具有时变特征。

第三，区域经济金融化对经济增长的影响存在差异性、不平衡性。中国区域经济金融化发展不平衡，它对各区域经济增长的影响也不同。样本数据显示：西部地区的影响系数为-0.047，是明显的负向影响；中部地区的影响系数为-0.010，具有不明显的促退效应；东北地区的影响系数为 0.265，在四大区域中的促进作用最大；东部地区经济金融化水平最高，但它的影响系数仅为 0.120，低于东北地区。

第四，中国非金融企业金融化主要出于市场套利动机，且与企业价值之间存在正 U 型的非线性关系。样本区间内，金融收益、现金流入对非金融企业金融化的影响系数分别为 0.0062、0.0002，这表明非金融企业的金融化动机主要是市场套利。引入滞后一期非金融企业金融化的平方项后，对企业价值的影响系数为 3.427，证明非金融企业金融化与企业价值之间呈正 U 型的非线性关系。分别以企业规模和股权激励作为门限变量进行门限回归分析发现：在企业规模过大时，企业金融化对企业价值的正增长效应不再显著，甚至可能存在负向影响，影响系数由3.267变为-0.374；股东激励只有处于合理阈值时，企业金融化对企业价值的正效应才能最优，达到1.162，当股权激励过低时，该效应不再明显，而股权激励过高时，该效应转负，影响系数为-1.047。

上述研究发现表明，在一定区间、变动范围或限度内，经济金融化对实体经济增长、对区域经济增长、对企业价值增长是有益的，因此对于经济金融化既不能一味推崇，也不能简单否定。在中国特色社会主义新时代，必须深入推进金融供给侧结构性改革，把控经济金融化的"度"，提升经济实体化的"质"；金融部门必须回归本源，坚持金融服务实体经济增长和区域经济协调发展，引导非金融企业聚焦主业、创造价值，助力中国经济高质量发展。

本书的边际贡献体现在以下两点：第一，从经济重心转向金融部门及其结果入手，界定"经济金融化"，并选取对应指标，运用主成分分析法考察中国经济金融化演化历程。这既避免了单一指标的片面性，也保证了指标权重分配的客观性，在改进中国经济金融化的测度上做了初步尝试。第二，从剔除泛金融业的实体经济增长，区域经济增长，企业价值增长的宏观、中观、微观三个层面，采用多种方法实证分析了中国经济金融化的增长效应，丰富了金融化效应分析方面的文献。

本书的不足在于：探讨了区域金融化对区域经济增长的贡献度，但暂未及考察区域经济发展的不平衡是否导源于区域金融化差异，并且未将空间因素纳入考察范畴；对类似文献在所涉子论题上的实证结果做了一些比较，但总体仍较粗浅。深入比较并探寻差异的成因，才能深化论题探究、凝聚学术共识。

目　录

导　论

一、选题背景与研究意义

（一）选题背景

第一，经济金融化是 20 世纪 80 年代以来，全球主要经济体经济运行的突出特征之一。

在现代市场经济中，金融的地位日益攀升，其影响范围不断拓展、作用力度不断增强，金融与经济的关系越发紧密，尤其是 20 世纪中后期以来，全球各经济体都经历着不同程度的经济金融化。

经济金融化是自由资本主义发展到垄断资本主义阶段的产物，是金融资本适应生产社会化以及新自由主义、全球化等经济发展新条件而出现的，在经济发展进程中，经济活动重心由产业部门和其他服务部门向金融部门偏移，金融机构、金融工具、金融市场、金融精英的经济活动的重要性不断提升，对拉动经济增长起着关键作用。随着经济活动的全球化和科技的飞速发展，金融资本在全球快速流动，改变了以往的资本结构和产业结构，强化了金融市场在资源配置中的支配作用，导致经济金融化程度呈爆发式增长，显现出新的发展特征：金融部门在经济发展中的重要性不断提高；金融部门和金融交易逐渐成为吸收剩余价值的主要途径，随着从金融市场和金融交易途径中获得的利润占比提高，从非金融途径获得的利润占比相应降低，促使资本主义的政策体系和积累体制发生改变；金融产品需求持续扩大，得益于科技的发展，金融工具不断创新，运用新型金融工具进行的金融交易也不断增多；金融对生产关系全面渗透，各种商业关系已逐渐无法拒绝金融体系的参与（Arrighi，1994；Aglietta，2000；Crotty，2003；Dumenil and Levy，2004；Krippner，2005；Epstein，2005；Foster，2007；Dore，2008；Fine，2010）。

从经验事实看，国际垄断资产阶级鼓励减少政府干预和实行金融自由化，宣传新自由主义理论，很多国家受其影响进行了改革，包括东欧国家向西方经济转轨的改革、拉美国家推行新自由主义的改革等。资本逐渐向金融部门转移，金融的地位日益攀升，其影响范围不断拓展、作用力度不断增强，金融与经济的关系越发紧密，经济中的金融活动逐渐增多。

在全球经济金融化不断加剧和国际金融资本不断积累的情境下，加入WTO以来，中国经济发展不可避免地受到影响，金融资产规模扩大、金融业增加值占比不断提升、从金融活动中获得的利润和从事金融业的就业人数规模也不断增多和扩大等一系列现象都表现了中国经济已呈现金融化特征。

第二，经济金融化对经济增长的影响有利有弊，是复杂多变的。

随着金融与经济的关系越发紧密，经济金融化对经济增长的影响越发明显。在经济正常运行时期，经济金融化中的货币和信用为财富积累创造了新形式，使生产要素得到充分利用，为扩大再生产提供了条件，促进了资本的积累与集中，对经济增长起到推动作用（叶初升，2003）。由于金融部门属于非生产性，不具备产出剩余价值的能力，一旦脱离实体经济的支撑，就无法达到资本继续积累的目的。当人们预期过分向好，企业开始依赖于金融渠道提升盈利水平，甚至与实体经济发生脱节时，经济金融化的积累机制通过制造金融泡沫挤占实体经济（陈享光和袁辉，2011；鲁春义，2021）。

由于经济金融化因素自身存在不稳定性，在对经济增长的影响中势必会造成一系列经济、金融危机频发。从学术探究看，有学者认为，对于实体部门发展停滞的欧美发达国家来说，若此时金融部门发展状态呈相反态势，发展势头强劲有力的金融部门会创造和积累更多的资本，并通过资本市场运行增加企业与家庭所持有的金融资产，从而刺激需求，缓解实体部门产能过剩。但也有学者认为，20世纪80年代后，全球经济金融化进程加快推进，金融逐渐渗入企业经营活动，企业从金融投资活动中所获利润的高效性极大地提高了企业的自身价值，甚至高于其主业经营的贡献率，以往纯粹依赖于生产性经营来提升企业价值的模式已不复存在，这无疑会削减企业对主业经营的资本投入和积累。

资本主义制度为经济危机的产生提供了"温床"，工业革命以来造成经济危机的各种因素凸显，尤其是生产过剩的危机，使劳动人民有限的消费与资本过度的生产之间的矛盾爆发。在经济全球化的背景下，一国的经济增长不单单受到本国社会经济发展的影响，也会受到国际经济波动的冲击，一个国家和地区的危机会很快地转化成为世界性的危机，比如，1997年泰铢波动引发的亚洲金融危机波及了亚洲大部分经济体，带来一系列负面冲击；2007年美国以次贷危机为表现形式的经济金融化发展过度，引发了席卷全球的金融危机。

尤其是2008年全球金融危机爆发后，人们对经济金融化的发展开始反思，认为经济金融化随着自身作用日渐增强，虽然激发了已显疲态的资本主义经济的活力，拉长了资本主义由盛转衰的循环时长，但也加剧了资本主义自身的矛盾，导致新的国际金融垄断资本主义及美元霸权等问题的出现，使经济危机产生了新的特征表现，资本主义社会基本矛盾更加严重，使经济跌入了一个"硬着陆"阶段。

与全球经济发展趋势相一致，20世纪90年代以来，特别是中国加入WTO以来，在全球经济金融化不断加剧和国际金融资本不断积累的情境下，中国经济发展不可避免地受到影响。得益于改革开放的推行，1978年以来，中国的GDP平均每年以接近10%的增长率迅猛发展，GDP的世界占比由1978年的1.742%迅速提高到2019年的16.276%①。与此同时，改革开放推动了中国经济体制改革，由传统的计划经济体制向市场经济体制转轨，并逐步并轨于世界市场经济体制之中。基于市场经济背景，对生产要素进行

---

① 具体数据来源于世界银行。

合理配置，促进和完善社会主义市场经济发展，应注重对金融市场体系的完善，以及对金融市场开放的推进，由此经济呈现出高速发展的态势，经济金融化在实体经济增长的基础上也得到了一定程度的发展。虚拟经济的产生及发展拓宽了投资渠道、缩短了投资周期，越来越多的生产者、投资者和投机者选择持有虚拟资本，将储蓄转化为投资，但在促进经济发展的同时也极易产生经济过分繁荣的假象，忽视了潜在的金融风险，加大了实体经济保持正常发展的阻力。因此，如何处理好经济金融化与经济增长的关系成为国内外学术关注的焦点。

第三，经济金融化对经济增长的复杂效应要求我们正确反思和梳理既有的调控措施。

对比改革开放以来中国金融业的规模变化，1978—2020 年，金融业对 GDP 增长的贡献率从 1.886% 的低水平增长到 24.510%；金融业增加值占 GDP 的比重从 2.081% 增长到 8.275%。可以看出，40 多年来，金融业贡献率平均达到 6.329%，金融业增加值平均占比为 5.137%[1]。这表明金融业在中国产业结构中的重要性显著提高，也是经济金融化最明显的特征之一。值得注意的是，与经济金融化的发展趋势不同，中国实际经济增长率自 2012 年以来开始呈回落态势，2012 年中国实际 GDP 增速跌至 7.864%，为中国加入 WTO 以来的最低值，中国经济从高速增长转为中高速增长，经济逐渐步入新常态[2]。在进入经济新常态后，中国要想实现经济可持续性的中高速发展，不能再仅仅依赖于扩大金融部门的规模来促进经济增长，通过一味地使用货币政策和财政政策或不断增强房地产业的金融属性来刺激经济增长的方式已不再可取，应该从扩大内需、增加供给的角度出发，从根源上提升对经济增长的拉动力。这需要充分的资金储备、完善的金融体制、合理的资源分配及创新的金融科技等方面共同完成，也是现阶段中国的奋斗方向。

---

① 具体数据参考 Wind 资讯和国家统计局。

② 2014 年 5 月，习近平在考察河南的行程中第一次提及 "新常态"，他指出，中国发展仍处于重要战略机遇期，要增强信心，从当前中国经济发展的阶段性特征出发，适应新常态，保持战略上的平常心态。

　　推动经济高质量发展①，要坚持推进供给侧结构性改革②。究其原因，一是金融具有对实体经济提供服务的职责，供给侧结构性改革是对金融系统和服务进行更全面、更具体的要求，通过"三去一降一补"③来提高对实体经济的作用效率；二是金融业是第三产业的重要组成部分，需要准确定位金融服务焦点，不断提高和完善金融服务能力，积极开发定制化金融产品，推动金融服务结构转变，提升金融服务质量，全方位、多层次、精准地实现对实体经济的支持。"一行三会"④针对金融"去杠杆"⑤推出了相应的政策措施，这是防范金融风险发生的重要决策，也是经济新常态下供给侧结构性改革的重要组成部分。2017 年党的十九大报告中针对如何平衡金融与实体经济的关系时提出要推进金融体制改革，深化金融对实体经济的服务意识。当前中国金融业应与实体经济紧密联系、相互支撑，避免发生金融与实体经济相背离的问题，两者要协调发展，不能为了追求金融高收益而自我循环、膨胀。同年，根据国内外经济政治环境变化，中央经济工作会议强调，中国经济已由高速增长阶段转向高质量发展阶段，中国特色社会主义和中国经济发展都进入了新时代。2019 年，中国进一步提高对金融风险的防范，将金融"去杠杆"作为一项长期经济战略，体现了中国对经济金融化问题的重视。

　　因此，从政策实践看，中国要实现经济可持续增长、确保金融服务于实体经济，就应当从判断中国目前的经济金融化对经济增长的影响如何入

　　①　2017 年 10 月，中国共产党第十九次全国代表大会首次提出"高质量发展"，表明中国经济由高速增长阶段转向高质量发展阶段。

　　②　2015 年 11 月，中共中央财经领导小组第十一次会议提出"供给侧结构性改革"的概念，旨在调整经济结构，实现要素最优配置，提升经济增长的质量和数量。

　　③　2015 年 12 月，中央经济工作会议根据供给侧结构性改革提出"三去一降一补"政策，包括去产能、去库存、去杠杆、降成本、补短板五大任务。

　　④　2018 年之前，中国的金融监管部门由中国人民银行、中国银行业监督管理委员会、中国证券监督管理委员会和中国保险监督管理委员会组成，简称"一行三会"。之后，中国银行业监督管理委员会和中国保险监督管理委员会合并为中国银行保险监督管理委员会，"一行三会"调整为"一行两会"。

　　⑤　"杠杆"即负债经营，是指用较少的本金获取较高的收益；"去杠杆"是指避免企业负债经营，降低企业负债率，逐渐转变企业融资方式，从间接融资逐渐转为直接融资。

手，追求适度经济金融化下的经济增长，在中国金融改革实践的总结和反思中寻求启示和借鉴。

不可否认，经济金融化的发展在经济低迷时期可以对经济增长起到促进作用，但与经济金融化相伴而生的经济波动、经济泡沫及其负面效应也不容忽视。一直以来，中国经济发展总体平稳、稳中向好，但近 10 年来，中国经济增速减缓，区域经济发展不平衡加剧，泛金融业——金融、保险、房地产的"火焰产业"① ——和实体产业的成长性差异拉大；然而，经济发展新格局需要强大的实体经济做支撑，经济"脱实向虚"的问题亟须化解，所以客观认识经济金融化对经济增长的动态影响显得至关重要。那么，中国经济金融化程度及其演化如何？适度抑或过度？经济金融化的增长效应与作用机理各是什么？未来如何把控其进程与方向，进而推动经济增长？鉴于此，本书在前人研究经济金融化的基础上，从宏观、中观、微观层面，分析中国经济金融化对实体经济、区域经济、企业价值的影响程度和方向，以期为中国推行适度经济金融化和推动经济可持续发展提供学术参考。

（二）研究意义

经济金融化对中国经济增长的影响不再单一局限于某一部门或行业，而是对所有涉及金融交易、持有金融资产的部门和行业都能产生作用，不同维度的经济金融化对经济增长的影响方式和程度存在差异。因此，从不同维度研究经济金融化程度及对经济增长的影响，对丰富理论支撑和正确认识现行经济状态都具有一定的研究意义。

第一，厘清经济金融化的源起与演化脉络。基于不同研究视角，学术界对经济金融化的定义并不统一，且与金融发展、金融抑制、金融深化、金融自由化等概念混用的问题时有发生。经济金融化和经济增长理论随着时间的推移和经济环境的变化而发展，只有厘清了它们的发展脉络，以及经济金融化与经济增长的内在关联机理，才能澄清一些理论上的认识误区。本

---

① "火焰产业"，又称 FIRE 行业，即 Finance、Insurance 和 Real Estate 的缩写，意为包含金融、保险、房地产行业的泛金融业。

书通过梳理经济金融化的源起与演化历程，结合既有文献对经济金融化进行界定，建立指标体系以求更准确地对经济金融化程度进行描述，加深了对经济金融化本质的理解，同时，为实证部分指标的选取提供了理论支撑。

第二，从宏观、中观、微观三个维度认识经济金融化的动态效应。中国的经济增长现状促使我们需要在理论上回答：经济金融化是否影响经济增长？它们之间的作用机理是什么？经济金融化对经济增长的作用力度如何？笔者通过考察中国经济金融化在不同层面上对经济增长的影响，系统分析了经济金融化在不同发展阶段对实体经济、区域经济和企业自身发展的作用力度，有助于动态认识经济金融化的动态效应。

第三，为经济金融改革决策提供实证参照。经济金融化与经济高质量发展是当今中国面临的重大课题之一。要规避经济金融化发展而带来的经济逆增长，就要找出经济金融化是如何影响经济增长的，哪些方面可能制约经济可持续增长，并结合中国金融改革的历程，为中国后续金融改革决策提供学术研究参照。通过分析经济金融化的增长效应，为决策部门优化经济金融化、改善经济金融化与经济增长的关系等政策提供实证支撑，对实现中国实体经济增长、缓解区域发展不平衡和提高实体企业价值等目标具有重要意义。

二、国内外文献综述

2008 年全球金融危机以来，经济金融化问题更加受到重视，为了深入了解经济金融化的本质，探寻适合分析中国经济金融化增长效应的研究方法，本书从经济金融化的内涵、动因、测度及对经济增长的影响四个方面梳理国内外文献。

（一）经济金融化的内涵

对经济金融化的界定可以从价值判定和研究逻辑两个维度进行分类：一个是新古典经济学派，其主张经济自由化，坚持金融发展理论，认为金融部门对经济具有明显的促进作用，但所涉及的金融深化、金融发展、金融自由化等概念本质上就是经济金融化不足阶段对经济增长的促进作用，该阶段金融部门无法满足经济发展中对金融服务的需求；另一个是西方马克思主义政治经济学派，他们基于剩余价值理论，用"金融化"来形容资本主义的发展形态，认为资本在追求收益最大化的进程中，将现实资本更多地转化为虚拟资本，与此同时，他们认为金融化已成为西方发达国家经济运行的主要特征之一，其他两个特征分别是全球化和新自由主义，这必然会加剧社会的两极分化，产生金融危机（张成思，2019）。这两个分支对经济金融化的界定存在不同的理解，大致可以总结为以下三个角度：

1. 金融部门的规模和地位不断扩大和提升

Epstein（2005）综合各种因素，将金融动机、金融市场、金融参与者和金融机构在经济运行中扮演着越来越多的角色这一表现特征定义为金融化。Foster（2007）在 *The Financialization of Capitalism* 中提出，资本主义的经济金融化是经济活动重心的倾移进程，由产业部门转向金融部门，尤其是金融部门规模和重要性大大提高，金融在经济发展中的支配权不断加强。Palley（2007）认为，金融化是在宏观经济或微观经济运行中参与金融活动的所有组成部分，如市场、机构、从业人员等，对经济发展趋势产生作用的影响力逐渐增强、金融监管政策随之增多的过程，金融地位的变迁改变了经济体制的运行，主要影响包括产生收益的部门不再以实体部门为主，金融部门开始崭露头角，且其对经济发展的贡献率有显著提高，相对于实体部门来说，其重要程度提高，但这导致收入不平等问题进一步加重，工人的工资甚至出现停滞，除此以外，经济金融化不仅可能产生债务型的通货紧缩问题，还可能导致经济陷入持续萧条的困境。此外，Kotz（2009）提出用"金融化"的概念取代"金融统治"，可以更准确地说明金融在经济中地位的变化，凸显经济活动中金融的不断扩展性，新自由主义的重构也在一定程度上推动了金融化的进程。Hansen（2014）解释了150年的金融历史，认为金融化是金融在社会中角色的转变，随着时间的推移，在资本主义经济发展中，金融资本的角色从"仆人"转变为"主人"，金融部门地位不断提升，金融资本逐渐处于主导地位。

国内学者王广谦（1996）认为当经济发展仍处于初始状态时，经济金融化进程推进的突出特征为货币存量呈快速扩张态势，即货币化；当经济发展脱离初始状态转为相对成熟期时，货币存量的扩张不再明显，呈平稳增长态势，但对于非货币金融工具而言，其扩张态势却越发明显，经济金融化进程因非货币金融工具的加速扩张得以推进，经济金融化水平升高。在漆志平（2009）看来，现如今社会发展中，经济金融化正以金融资本的形式对经济、政治以及社会开启大规模扩增。田新民和武晓婷（2018）基于宏观层面，将中国经济金融化定义为金融自身的发展与深化，当下宏观经济中金融的地位和重要性体现在金融部门的膨胀、金融资产规模的扩大及债务水平的提高三个方面。

2. 金融资本积累途径逐渐占主导

在希法亭于1968年提出金融资本理论之后，Sweezy 和 Magdoff（1972）对资本主义金融化进行了较为系统的研究，指出美国经济已经出现越来越依赖于债务的问题。Sweezy（1997）在 *More（or）Less on Globalization* 中提到，自经济进入衰退期，经济趋势呈现出三种潜在特征，即增长率放缓、垄断（寡头垄断）跨国公司对全球性扩散和资本积累过程的金融化，且这三种趋势都源于资本积累过程内部的变化。Arrighi（1994）、Stockhammer（2004）、Krippner（2005）和 Demir（2009）认为，金融化是指在资本积累过程中，金融在经济中的分量不断上升，利润越来越多地通过金融交易活动获得，而不是由参与非金融生产活动所获得，实体部门的资本积累模式逐渐转化为依赖金融资本积累。张慕濒和诸葛恒中（2013）将经济金融化定义为金融脱媒现象，在此过程中，虚拟经济和实体经济发展逐渐背离。宋军和陆旸（2015）将非金融公司的资产分为金融资产和经营资产两部分进行配置，所得到的收益分别为金融收益和经营收益；并认为，当公司减少对经营资产的配置转而增加金融资产配置时，该公司呈现明显的金融化特征。张成思和张步昙（2015）认为中国经济金融化是指在产业结构和人才分配中，"火焰产业"的地位逐渐上升，甚至开始占据主导地位，非金融企业部门的利润更多地来源于金融渠道，其中"火焰产业"地位的上升主要体现在对 GDP 的拉动力提升、人才分配的偏向度较高，衡量非金融企业部门来自金融渠道的利润时，将代表金融利润的利益收入、分红收益与资本利得加总。戚聿东和张任之（2018）将实体企业的经济金融化定义为在资产分配中，金融资产占有较高比例的现象。

3. 经济中的金融活动逐渐增多

主张股东价值支配论[①]的学者们认为，20 世纪 80 年代以来，随着经济活动的全球化和新自由主义的推进，金融资本在全球快速流动，改变了以往的资本结构和产业结构，经济金融化对非金融公司治理结构进行重构，"股东价值"占支配地位，股东在收入分配上可以获得更多的分红，并在投资方向选择等公司战略决策时更具有话语权，促使非金融公司在金融领域投资更多，对金融活动的参与度逐渐提高（Lazonick and O' Sullivan，2000；Aglietta，2000；Crotty，2003）。Fine（2010）认为，受全球化和第三次科技革命的影响，金融机构不断创新，新型金融工具和交易形式层出不穷，运用新型金融工具进行的金融交易也不断增多，金融体系已经逐步渗透各种商业关系。Lapavitsas（2011）将金融化进程中金融活动增多的表现归结为成熟资本主义经济体的系统性转型，包括三个基本要素：第一，大型非金融公司减少了对银行贷款的依赖，并有了一定的融资能力；第二，银行扩大了在金融市场的中间业务，并开始向家庭提供贷款；第三，家庭越来越多地进入融资领域，成为债务人和资产持有人。

白钦先（1999）在界定经济金融化时指出，经济全球化与经济金融化既有联系又存在区别，对经济金融化可以从经济体自身和全球经济整体两方面进行定义，并将如今的市场经济等同于金融经济。他认为，在此阶段，经济活动呈现出明显的金融特征，社会经济关系逐渐呈现债权、债务关系，股权、股利关系，以及风险与保险关系等金融关系。杜勇、张欢和陈建英

---

① 股东价值支配论的基本理念是：管理者服务于股东，股东是公司剩余风险的承担者，股东拥有使用、处置、转让其产权的权力，管理者的目标就是追求股东利益最大化。

（2017）将经济金融化的表现特征概括为：实体企业对金融投资活动的热情逐渐上涨，产业资本被大量用于进行股票投资、委托理财、房地产投资等一系列金融交易，资金在多个金融机构之间"空转"①而没有直接流入实体经济，融通周期被延长这一问题日渐凸显。

（二）经济金融化的动因

虽然学术界对经济金融化概念的界定和测度存在差异，但共识之处在于金融部门在经济发展中的重要性不断提高。经济金融化的动因可以分为以下三类：

1. 实体经济盈利空间的压缩

随着工业化的迅速推进，实体经济的生产率大幅提高，供给与需求的不平衡逐渐拉大，实体产业的边际资本收益率持续下降，同时过度的积累和激烈的竞争使实体企业的综合生产成本上升，进一步压缩了实体经济的盈利空间，盈余资本的扩大再生产受到制约。因此，在资本逐利性的驱使下，实体经济转而投向金融活动，以获取更高金融投资利润来平衡供需矛盾。

Sweezy 和 Magdoff（1972）认为，由于 20 世纪 70 年代经济衰退日益严重，投资者对实体产业的投资热情大幅降低，逐渐将目标聚焦于金融产业，从而造成金融活动的增多，经济金融化趋势开始显现。Arrighi（1994）认为，贸易和生产大规模发展后，受过度积累和激烈竞争的影响，实体产业利润率会形成下降趋势，资本主义经济会因此选择通过金融扩张的方式拉动经济。Krippner（2005）认为，美国经济金融化是经济活动空间重组的结果，生产性企业投资回报的下降导致资本从生产领域转移到金融市场。Demir（2009）和 Foster（2010）将金融化的动因归结为资本主义经济停滞，面对实体产业利润率的下降和金融资产的高投资收益率，为获得更高利润，欧美发达国家将经济重心转向收益更高的金融领域。邓超和许志勇（2017）

---

① 资金空转，指资金在多个金融机构之间流转，没有（直接）流入实体经济。

指出，在劳动力成本不断提高、传统产业产能过剩的背景下，企业若缺乏创新意识，选择坚守原有较低水平的技术，与外部需求无法匹配，会进一步加剧产能过剩与需求不足之间的矛盾，有些实体经济为了走出收益率不断下降的困境，试图通过投资金融资产等金融化行为提高企业盈利水平，从而达到提高企业融资能力的目的。

2. 企业治理模式的变迁

企业治理模式受股东价值最大化、股权激励等观念的影响，企业管理层的行动目标从追求生产经营的最优化和稳定的长期经济增长逐渐向追求更高的股价发生转移。

Lazonick 和 O'Sullivan（2000）认为食利者阶层地位的提升受到了股东价值最大化和股权激励的影响，企业治理模式由原先的追求经营利益转而选择追求更高的股东利益，配置更高比例的金融资产。Crotty（2003）认为，企业管理者行为逐渐金融化，强调短期资本增值，将非金融企业的资产配置逐渐集中于金融市场，一是因为使股东权益最大化是企业代理人的职责之一，而提高股价和分红是实现此目的的最佳途径；二是因为这也有利于企业从资本市场获得新的融资资源，从而扩大企业份额，这就导致企业治理模式越来越依赖于金融市场，实体企业中金融资产的比重逐渐上升。Stockhamm（2004）进一步指出，美国企业治理模式经历了从注重生产经营规模到迎合投资者利益的变迁。

3. 新自由主义和经济全球化的盛行

垄断资本获取利润的领域得以拓宽，主要是基于新自由主义和经济全球化的盛行，通过各种金融方式渗透经济社会活动的各个方面。金融化在新自由主义相关政策和经济全球化的推动下，致力于创造更好的金融条件以支持资本交易，从而造成经济结构发生变化。

Kotz（2009）提出，新自由主义的重构导致了经济金融化，原因是新自由主义宣扬自由化、私有化和市场化，认为自由市场可以促进竞争、实现资源最优配置，反对不必要的国家干预，从而放松了对商业和金融的管制；

金融资本在资本积累中的地位上升，为金融化的发展提供了有利环境。此外，Palley（2007）和 Foster（2007）发现，经济全球化的不断发展为跨国公司提供了更多的国际投资机会，在生产性行业利润率下降的背景下，依然可以通过寻求国际投资来实现经济增长。Mileberg（2008）以美国跨国公司为研究对象提出，跨国公司通过降低进口成本实现利润积累，得益于生产外包，厂商的资金积累速度快于生产投资速度；同时，由于厂商不需要自己进行生产制作，所获得的利润可以更多地用于金融活动，从而实现经济金融化进程的推进。Rolnik（2013）通过分析美国次贷危机的原因，认为新自由主义的政治意识推动了住房的商品化，使得金融市场逐渐将住房作为一种投资资产，通过将工人的养老基金私有化、IPO 和私募股权等方式，金融部门逐渐控制了房地产市场，造成住房所有权的过度金融化，从而催化了金融危机的爆发。

（三）经济金融化的测度

经济金融化的衡量指标旨在反映金融在经济中重要性的提高。随着研究的深入，衡量指标逐渐由单一层面的单一指标向多层面的多指标体系扩展。

早期研究中，将描述各阶段金融体系发展的特征作为衡量经济金融化的指标。金融相关比率（FIR）是在《金融结构与发展》一书中被提出的（Goldsmith，1969），其运用某一个时间段内的金融资产总额与国民财富市场总值的比值来表示金融的上层结构的相对规模，也是之后学者用来度量经济金融化的常用指标。Mckinnon（1973）通过 M2 占 GDP 的比重体现经济的货币化，其中，M2 是指广义货币供应量，也是构成金融资产规模的指标之一，当 M2 比重增加时，金融资产规模也随之扩大，经济金融化程度加深。王广谦（1996）提出，随着经济运行过程中金融化特征的凸显，传统的货币化产品已无法满足需求，为提供有效适配的金融商品、金融工具，金融机构不断进行升级和创新，因此，在量化经济金融化时，可计算金融机构资产与 GDP 的比值，与计算货币供应量占比相比，这更合理、更接近于现实情况。

后续研究在单一指标的基础上，基于不同的研究视角，增加了衡量指标。Levine（1997）聚焦商业银行信贷在经济发展中地位的上升，在采用金融相关比率的基础上，增加了金融中介发展指标，如商业银行信贷占比、私人企业信贷占比、私人企业信贷与 GDP 的比值等。Crotty（2003）通过从经济金融化对非金融公司治理结构进行重构的角度分析非金融公司在金融领域的利润占比，测度非金融公司的经济金融化，采用资产构成、权益构成和利润分配等指标进行测度。蔡则祥等（2004）从经济货币化、信用化、证券化和虚拟化四个维度计算经济金融化，建立了包含 9 个二级指标和 24 个三级指标的指标体系，依照经济、金融融合程度，分层次计算金融资产总量与经济总量的比值。Krippner（2005）认为，经济金融化可以通过考察美国金融部门对 GDP 的贡献率、金融部门就业人数的变化、公司利润的相对份额的变动，以及对比泛金融业、服务业和制造业的产出贡献率差异来体现。Palley（2007）从美国各部门债务规模、非金融部门的债务构成、金融部门对 GDP 的贡献率和就业比、企业利润相对于员工薪酬的比率变化、企业参与非金融活动和金融活动所获利润差异等方面，对美国非金融企业的经济金融化进行分析研究。宋仁霞（2008）从效率性、规模性、渗透性和结构性四个层面出发，并通过运用累计图示法、回归方程法、指标体系法，对经济金融化程度进行评价，考察了金融资产、金融工具的规模、比率和获利能力。Demir（2009）在对阿根廷、墨西哥和土耳其实体企业的金融化进行测度时，采用了金融资产和固定资产收益率差值、净金融资产和净固定资产的总股本、金融资产占比总资产、风险度量等指标。张慕濒和诸葛恒中（2013）分别从部门、行业和宏观三个层次的规模、结构角度建立了 11 个分指标的指标体系，不仅对整体经济和分部门的经济金融化进行比较，还对 5 个上市行业的证券收入占企业利润的比重进行了分析。赵峰和田佳禾（2015）从金融资产结构角度，对各部门的经济金融化程度进行了分析，测度指标包括债务规模占比、居民贷款占可支配收入比例、投资收入占比等。裴祥宇（2017）构建了包含 4 个一级指标、21 个二级指标的测度体系，如不同部门的金融资产、债务规模、金融性收入等，通过确定子指标的静、动态权重，合成美国经济金融化指数。田新民和武晓婷（2018）通过综合中国经济金融化的典型事实特征，构建了包含货币化率、信贷化率、证券化率、金融结构、债务规模、金融相关比率、金融部门产出贡献率 7 个代表性基础变量的指标体系，运用主成分分析法将子指标合成金融化指数。吴金燕和滕建州（2019）采用金融资产、保费收入、房地产成交额、货币供应量、金融机构贷款余额作为泛金融业的代表指标，利用 TVP-VAR 模型确定分指标的动态权重，完成对金融化发展程度的测度。

通过对有关经济金融化测度的文献进行梳理可知，衡量经济金融化的指标类型和方法都发生了明显变化，研究视角逐渐增多，测度方法逐渐从单独评价转向综合评价，为本书的测度研究提供了借鉴性。

（四）经济金融化对经济增长的影响

学者们运用理论模型和实证方法对经济金融化与经济增长之间的关系进行分析时，选取了不同的测度指标和影响因素，导致所得结论存在较大差异。总体而言，经济金融化对经济增长既可能存在促进或抑制的影响，也可能表现为促进和抑制影响共存的非线性关系。

1. 经济金融化对经济增长有促进作用

国外学者认为经济金融化对经济增长有促进作用的研究主要有：熊彼特（1926）认为，企业家创新能力的持续提升得益于金融机构给予的信用支持，而银行作为金融机构的主要构成，通过信贷等信用工具为企业提供资金来源，信用创造能力和企业家创新能力的共同作用拉动了经济的发展。Magdoff 和 Sweezy（1983）认为，对处于实体经济运行困于持续停滞阶段的欧美发达国家来说，相对活跃的虚拟经济促进了就业的增加和资本的积累，并通过资本市场运行使企业、家庭持有的金融资产增多，从而激发了对产品的消费需求，在一定程度上解决了实体部门的产能过剩。Rousseau 和 Wachtel（2000）通过对多个国家 1980—1995 年的年度面板数据分析了股票市场和传统金融中介机构在经济增长中的作用，验证了经济金融化对经济增长的积极影响。Beck、Levine 和 Loayza（1999）将多个国家金融中介发展的外生成分及全要素生产率作为样本数据，实证分析表明，代表经济金融化程度的金融中介发展与经济增长之间正相关，经济的长期增长得益于经济金融化对全要素生产率的促进作用。随后，Beck、Demirguc-Kunt 和 Levine（2003）将描述股票市场发展特征和经济增长现状的相关指标作为样本数据进行检验发现，金融机构的改革升级对经济增长的影响起到关键作用。Christopoulos 和 Tsionas（2004）考察了 10 个发展中国家 30 年的经济增长与金融深化、投资份额之间的作用关系，研究表明，金融深化长期促进经济增长，二者之间不存在双向因果关系。

国内学者认为经济金融化对经济增长起到积极作用的研究主要有：孙力军（2008）对包含中国 29 个省份 1978—2004 年的面板数据进行研究，发现金融机构贷款余额来源于外商直接投资，通过把可能存在的资本积累效应和溢出效应转变为生产力，显著地有助于经济增长。王翔和李凌（2009）通过分析中国各省份的面板数据发现，中国金融机构贷款余额与经济增长、经济波动之间联系密切，研究表明，经济增长受到外部冲击会产生敏感性，但金融体系的发展能够减轻这种影响，营造保证经济持续增长的有利环境，规避经济的起伏不定。齐俊妍等（2011）认为，现阶段中国经济增长受到限制的主要原因包括出口产品的科技含量仍处于劣势，且金融发展尚不满足经济增长需求，通过构建理论模型并采用跨国跨行业数据进行检验发现，金融发展通过降低信息不对称风险，鼓励生产技术含量较高的产品，提高出口产品的复杂度，进而促进经济增长。

2. 经济金融化对经济增长有抑制作用

国外学者认为经济金融化对经济增长有抑制作用的研究主要有：Mauro（1995）认为，储蓄减少会在一定程度上放缓经济增长速度，而当厌恶风险的消费者持有保险、期货等具有金融避险功能的衍生产品时，可能会对预防性储蓄产生挤占，进而降低了储蓄对经济增长的拉动力。Arestis、Demetriades 和 Luintel（2001）通过分析五个发达经济体的数据，认为股票市场的波动性较强，增加了实体经济的不确定因素，从而降低了经济增长水平。

Palley（2007）认为，经济金融化进程中，金融部门的重要性逐渐强于实体部门，剩余价值被从其他部门转移至金融部门，收入差距进一步拉大，导致生产者的工资水平可能出现停滞，从而使经济蕴藏债务型通货紧缩及衰退期延长的风险，对实体经济增长起到消极作用，致使经济增长速度缓慢，甚至出现后退。Palley（2007）认为，在经济金融化进程中，越来越多的生产者、投资者和投机者选择持有虚拟资本，金融部门的重要性逐渐强于实体部门，剩余价值从其他部门被转移至金融部门，虽然可以在一定程度上促进经济发展，但同时收入差距进一步拉大，导致生产者的工资水平可能出现停滞，从而使经济蕴藏债务型通货紧缩及衰退期延长的风险，对实体经济增长起到消极作用，加大了实体经济保持正常发展的阻力，经济增长速度缓慢，甚至出现后退。Orhangazi（2008）认为，美国非金融企业金融化与实体产业投资率联系紧密，当企业参加金融活动所得利润远超投资实业时，企业的行为决策者在进行选择时，更倾向于选择利润更多的金融投资，而非将实体投资作为第一选择，金融投资的选择度提升，那么，金融化显著消极作用于实体投资，即挤出效应存在于二者之间。20 世纪 80 年代以来，经济金融化使非金融企业改变了发展目标，金融化进程的不断推进导致企业价值更多地受到金融投资的影响，而企业通过生产经营活动获得产出对提升企业价值作用甚微，生产产出与价值积累不再具有强相关性，使企业对实体投资的关注度日益降低，长此以往，会加速实体产业的衰退（Milberg and Shapiro，2013）。

国内学者认为经济金融化对经济增长有抑制作用的研究主要有：张成思和张步昙（2016）运用面板 GMM 估计方法分析中国 A 股上市的非金融公司金融化对实业投资率的影响，通过实证分析发现，金融化对实业投资率和固定资产投资都具有明显的负向影响；进一步引入交叉项对金融化的间接影响进行分析发现，金融资产的风险收益错配对实业投资也具有负效应，且随着金融化程度的提高，负效应加剧。倪志良等（2019）通过对 A 股上市公司中非金融公司的金融化与主营业务业绩进行分析，分别运用 OLS 回归和 IV-GMM 回归进行检验，结果显示，实体企业金融化对主业业绩存在显著的负效应。

3. 经济金融化与经济增长之间呈非线性关系

国外学者认为经济金融化与经济增长之间呈非线性关系的研究主要有：Hung（2003）基于内生增长理论提出，通货膨胀影响了经济金融化的增长效应。他认为，随着金融化进程的推进，面对一国高水平的初始通胀率，金融化反而会进一步加重通胀，阻碍该国的经济增长；反之，面对一国较低水平的初始通胀率，金融化会进一步缓解通胀，推动该国的经济增长。Huang 等（2010）运用门限回归，将通货膨胀率作为门限变量，结果发现，对于低阈值水平的通货膨胀率，经济金融化与生产率之间存在显著的正向关系，对于高阈值水平的通货膨胀率，经济金融化的增长效应不明显。Arcand 等（2015）认为，在金融部门规模较大的国家，经济金融化与经济增长之间不存在正相关关系，金融发展存在门限效应，当私营企业的信贷达到 GDP 的 80%～120%的阈值区间时，产出增长与金融化负相关。Cecchetti 和 Kharroubi（2012）通过对发达经济体和新兴经济体的数据进行对比分析发现，金融业规模与生产率增长之间呈倒 U 型关系，即金融体系进一步扩大时，会对其他部门的资源进行挤占，经济运行成本增加，导致对生产率提升产生阻碍。

国内学者认为经济金融化与经济增长之间呈非线性关系的研究主要有：张亦春和王国强（2015）运用面板数据的门限回归，对中国各省份的数据进行分析后提出，区域金融业与实业需要协调发展，因为二者之间若存在非均衡关系，会加重资源分配不均的情况，削弱资源利用率，此时无论金融业萧条或繁荣，都不会对实体经济发展产生正向作用。杜勇、张欢和陈建英（2017）不仅考虑到货币政策实施所带来的影响，还将金融市场环境作为外部影响因素之一，以 A 股上市公司为观测目标，分析得出金融化不利于实体企业的主业收益增长，受宽松货币政策的影响，这种负面影响反而会进一步加重，与此相反，良好的金融环境可以削弱这种负面影响。张同功和刘江薇（2018）认为，总体来看，金融对实体经济的支持效率下滑，分区域来看，具有区域差异，其中直接融资比重的增加会对金融的实体经济支持效率起积极作用。潘海英和周敏（2019）通过对中国 31 个省份的面板数据进行分析，构建金融化指标体系进行指数合成，并将其作为门限变量，进行面板门限回归，检验不同程度金融化的增长效应差异。实证发现，在不同的金融周期中，金融化的增长效应也各不相同：金融处于正常期时，金融化存在明显的正效应；金融处于衰退期时，随着金融化进程的推进，增长效应由负转正；金融处于高涨期时，增长效应由正转负。田新民和武晓婷（2019）对金融化与经济增长的非线性关系进行探究，研究得出，当经济平稳增长时，金融化的增长效应虽然为正，但并不明显，而当经济增长剧烈波动时，金融化的增长效应明显为负；且只有当金融化位于合理阈值时，才能实现增长效应的最大化。黎贵才等（2021）认为，随着经济金融化水平的提高，金融化与经济增长的关系以 2008 年为结构突变点，呈倒 U 型，随着金融化进程的推进，正向增长效应受过度金融化的抑制作用转为负向效应。

（五）简要评论与总结

现有文献从诸多层面采用线性和非线性方法，对经济金融化对经济增长的影响进行了分析，取得了丰富成果，但仍存在以下值得完善或深入探究之处：

第一，在对经济金融化进行测度时，已有研究采用了多个指标。虽然指标体系中分项指标的涵盖层面较广，但分项指标间经常存在统计口径重合，指标被重复计算，可能导致所得结果与实际情况不相符合。鉴于此，本书依据金融部门在经济发展中地位发生转向的结果，精选多个相互独立的分项指标，对经济金融化进行综合测度。

第二，在考察剖析经济金融化与经济增长的内在关联时，多将经济金融化置于过高位置，在一定程度上可能夸大其作用。鉴于此，本书在对经济金融化的实体经济增长效应进行分析时，以经济金融化为核心解释变量，分别选取需求侧和供给侧可以影响经济增长的因素，纳入统一分析框架，进而对比分析经济金融化对实体经济增长的影响作用。

第三，在研究经济金融化增长效应时，研究维度较为单一，对增长效应方向和程度的解释可能并不全面。基于此，本书分别以宏观层面的实体经济、中观层面的区域经济、微观层面的非金融企业价值为考察主体，选取适宜的实证方法分析验证经济金融化的增长效应，从而在实证研究视域上有所综合和拓展。

综上，本书拟从宏观的实体经济、中观的区域经济和微观的非金融企业价值三个层面分别考察中国经济金融化对经济增长的影响效应，总结增长效应的差异和演变特征，丰富和完善有关经济金融化增长效应的现有研究，为金融市场化改革和经济政策决策提供学术参照。

三、研究思路及方法

（一）研究思路

本书以"经济金融化的增长效应"为论证主题，以"原理阐述—进程测度与分析—实体经济增长效应—区域经济增长效应—非金融企业价值增长效应—结论与启示"为论证思路。首先，对经济金融化及其增长效应进行界定，阐述经济金融化增长效应的基本原理和作用机理；其次，分别运用门限回归模型、时变参数向量自回归模型（TVP-VAR）、系统 GMM 估计法，考察中国经济金融化对实体经济、区域经济、非金融企业价值增长产生影响的大小及差异；最后，针对上述三个层面的增长效应的实证发现，提出控制经济金融化过度发展，促进金融服务实体经济发展、企业价值创造的对策建议。

本书主体部分具体内容安排如下：

第一章：经济金融化增长效应的基本原理。主要界定金融化、与金融化相关的概念（如金融发展、金融深化、金融抑制、金融自由化、金融约束）、经济金融化的增长效应等核心概念，考察经济金融化的源起与演化历程，阐述经济金融化对经济增长（含企业价值增长）的作用机理，作为后续论述和实证分析的理论基础。

第二章：中国经济金融化进程的测度与特征。从经济金融化的内涵角度，构建指标体系，运用主成分分析法合成为中国经济金融化指数，明确中国经济金融化程度有多高、表现在哪些方面、呈现怎样的趋势变化。首先，在对经济金融化界定的基础上，结合中国国情，得出中国经济金融化的内涵与外延；其次，建立包含金融资产占比、金融业增加值占比、来自金融业的利润占比、金融业就业人数占比的指标体系，运用主成分分析法合成中国经济金融化指数（FI）；最后，结合中国金融化指数的走势，划分中国经济金融化的演化阶段，纵向分析总结其演化特征，并与其他发达国家进行横向比较。

第三章：中国经济金融化的实体经济增长效应。在宏观层面上，中国经济金融化的增长效应体现在实体经济增长上，该章运用门限回归模型确定经济金融化在何种程度对经济增长存在负效应，在何种程度存在正效应；运用 TVP-VAR 模型进一步研究中国经济金融化随着时间的推移对实体经济增长的影响变化。

第四章：中国区域经济金融化的经济增长效应。在中观层面上，中国经济金融化的增长效应表现为区域经济增长，该章运用系统 GMM 估计法对各省（区、市）的经济金融化和经济增长进行实证研究，并划分为四大经济区进行对比分析。

第五章：中国非金融企业金融化的企业价值增长效应。在微观层面上，中国经济金融化的增长效应是指非金融企业金融化对企业价值的增长效应，运用最小二乘法（OLS）回归分析确定中国非金融企业金融化的动机，以及企业金融化与企业价值之间是否存在非线性关系；如果确定企业金融化与企业价值之间存在非线性关系，那么运用门限回归分析企业金融化在何种程度对企业价值存在负效应，在何种程度存在正效应。

最后，"结论与启示"部分总括全书的实证发现，并依托这些实证发现提出政策启示。

（二）研究方法

1. 历史研究法

本书在考察经济金融化的源起与演化历程（第一章第二节）、剖析依托指数测度所得的中国经济金融化的演化阶段与演化特征（第二章第三节）中，采用了历史研究法。也就是说，按照历史脉络描述或阐释"经济金融化"内涵逐渐丰富、进程曲折演化的过程，作为后文构建中国经济金融化的测度指标体系（第二章第一节）、实证分析中国经济金融化的经济增长效应（第三章、第四章、第五章）的核心概念界定基础和主要解释变量。

2. 实证分析方法

本书主要采用实证方法考察经济金融化对经济增长的影响。其中，第三章运用门限回归模型和 TVP-VAR 模型分别探究经济金融化与实体经济增长的量变和时变关系；第四章运用系统 GMM 估计法对分区域的面板数据进行了实证分析，考察各区域的经济金融化对经济增长的影响力度和方向；第五章运用 OLS 回归和门限回归模型对企业金融化的动机与非金融企业价值之间的非线性关系进行了研究。

（1）门限回归模型。门限回归模型多用于分析变量的非线性关系，是一种结构变化模型，具有分段性特征。存在某一个经济参数达到目标数值水平时，则会导致另一个参数的结构突变，转向其他发展形式。其中，造成这种突变现象的临界值即门限值。Hansen（1999，2004）进一步对门限回归模型进行拓展，对包含个体固定效应的静态平衡面板数据进行门限回归分析。近年来，门限回归模型逐步被应用于分析经济时间序列的非线性动态调整问题中。本书分别采用宏观经济金融化作为门限变量，考察不同经济金融化发展水平下对实体经济增长的影响；采用企业规模和股权激励分别考察不同规模的企业、不同的股东持股比例条件下企业金融化对企业价值的影响。

（2）TVP-VAR 模型。Cogley 和 Sargent（2005）提出了时变参数随机波动率向量自回归（TVP-VAR）模型，与 VAR 模型不同的是，TVP-VAR 模型没有同方差的假定，而是假定随机波动率，更符合实际，且时变参数更能捕捉到经济变量在不同时间背景下的关系和特征。Nakajima（2011）进一步将 TVP-VAR 模型推广到多变量情形，并给出了对参数进行估计的方法和案例。与 VAR 模型不同的是，TVP-VAR 模型假定系数矩阵和协方差矩阵都是时变的，这有利于刻画变量之间联立关系的非线性特征，即使冲击大小和传导途径发生了变化，依然可以体现影响的力度和方向。

（3）GMM 估计法。广义矩估计法（GMM）最早由 Hansen（1982）引入，是基于模型实际参数满足一定矩条件而形成的一种参数估计方法，只要模型设定正确，则总能找到该模型实际参数满足的若干矩条件而采用 GMM 估计法。与传统计量经济学估计方法对比发现，GMM 不要求随机误差项的准确分布信息，允许随机误差项存在异方差和序列相关。近年来，该方法频繁被应用于经济金融时间序列的动态面板数据。

四、边际贡献

第一，从经济重心转向金融部门及其结果入手，界定"经济金融化"，并选取对应指标，运用主成分分析法考察中国经济金融化演化。这既避免了单一指标的偏颇，也保证了指标权重分配的客观，在改进中国经济金融化的测度上做出了初步尝试。

第二，从剔除泛金融业的实体经济增长、区域经济增长、企业价值增长的宏观、中观、微观的三个层面，采用多种方法实证分析中国经济金融化的增长效应，丰富了金融化效应分析方面的文献。区别于视角稍显单一的已有文献，本书避免了视域的偏向性问题，又对实证发现进行了多重验证。

第一章

经济金融化增长效应的基本原理

一、经济金融化及其增长效应的概念界定

（一）经济金融化

"金融化"的原词为"Financialization"，其词根为"Finance"，即"金融"；经济金融化即经济运行过程中表现出金融的性质或状态，是一种经济现象。对于"金融"的定义，《新帕尔格雷夫经济学大辞典》（1987）指出，其基本的中心点是资本市场的运营、资本资产的供给和定价，并将金融学科分为四个部分：有效率的市场、风险与收益、替代与套利、公司金融。

基于比较而产生的空间相对概念，可以将研究层面划分为宏观、中观、微观三个层面。以一个国家作为观测目标，那么这个国家属于宏观层面，微观层面包括国家内的每一个个体、家庭、企业，中观层面包括介于国家和个体单位之间的某个区域、行业等的独立系统（厉以宁，2016）。因此，在对金融化进行界定时，从宏观、中观层面的"经济金融化"和微观层面的"企业金融化"三个方面进行界定。

1. 宏观层面的经济金融化

对经济金融化的研究大致可以分为两类：一类是金融在经济中的作用

的量的变化；另一类是金融在经济中的作用的质的变化。

从量变角度，经济金融化是经济活动重心逐渐从生产向金融偏移、资本积累机制逐渐以金融为主导的进程。

经济金融化是经济活动重心由产业部门和其他服务部门向金融部门偏移的动态进程。它以金融创新为支撑或先导，表现为金融工具、金融市场、金融机构在经济活动中的重要性不断提升；股东价值占支配地位并促使公司在金融领域投资更多；企业利润更多地来源于金融部门而非贸易和商品生产部门；金融活动全方位地渗透社会经济活动。

经济金融化引起实体部门资本积累模式发生变化，主要表现为非金融部门的利润获取和积累逐渐依赖金融渠道，而非通过传统的产品生产和贸易渠道，增加的资本也逐渐偏向继续投入金融系统进行循环以获取剩余价值，经营生产性资产占比减少（Arrighi，1994；Stockhammer，2004；Krippner，2005；Orhangazi，2008；Dore，2008；Demir，2009）。

从质变角度，经济金融化是成熟资本主义经济体的系统性转型，是自由资本主义发展到垄断资本主义阶段的产物，是金融资本为适应全球化和新自由主义等发展新条件的资本积累过程，体现了帝国主义发展时期以来显著的阶段性变化。

首先，新自由主义的重构为经济金融化提供了有利的发展环境，大型非金融公司随着自身融资能力的提升，对银行贷款的需求下降，银行增加金融市场的中间业务并开始为家庭提供贷款，家庭越来越多地进入融资领域成为债务人和资产持有人，金融在经济活动中的扩张作用日益明显，金融在经济中的地位日益提高（Kotz，2009；Lapavitsas，2011）。受全球化和第三次科技革命的影响，金融机构不断创新，新型金融工具和交易形式层出不穷，虚拟金融资本逐渐占据主导地位，运用新型金融工具进行的金融交易也不断增多；金融对生产关系的全面渗透，意味着金融体系已经逐步渗透各种商业关系（Fine，2010）。

其次，资本结构发生变化，食利者阶层①通过持有金融资产获取收入，

---

① 资产阶级中完全脱离了生产过程、靠持有有价证券以取得利息或股息为生的剥削者，即食利者阶层。

受股东价值导向的影响，国民收入分配极大地有利于食利者阶层；食利者阶层的财富和权势逐渐膨胀，企业治理模式发生转变。同时，政府也会受到权力阶层的影响，推出更有利于食利者阶层的政策，参与金融活动的所有组成部分，如市场、机构、从业人员等，对经济发展趋势产生作用的影响力逐渐增强，相应的金融监管政策随之增多，进而影响资本主义经济的运行（Crotty and Epstein，1996；Epstein and Power，2003；Dumenil and Levy，2004；Foster，2007；Palley，2007）。

Epstein（2005）对经济金融化这一概念给出了较全面的解读，他认为，金融化是指一国自身或全球经济发展进程中，参与金融活动的动机、市场、机构、从业人员等因素所扮演的角色越来越多，重要性不断提升的过程。这一定义是学者们在研究宏观层面的经济金融化时最常引用的概括性定义。

2. 中观层面的经济金融化

中观层面的经济金融化更多的是从区域、产业结构或行业（尤其是大宗商品）的维度来研究，主要表现为某区域或某行业中的金融属性增强、资产的流动性发生变化、产业结构中各类资产逐渐向金融资产转化的过程（Ibbotson et al.，2013）。

从区域层面来看，随着经济金融化进程的发展，有学者将关注点转移到区域经济金融化的层面上来，主要特征就是把金融运行和发展的重要程度置于一定的时空范畴内，与地理空间因素相关的"金融集聚"概念逐渐兴起。金融集聚是由"产业集聚"的概念延伸而来，是在一定地理空间范围内金融资源的集中，如金融产品、金融人才、金融机构等一系列因素向特定地理区域集聚的过程或状态（刘军、黄解宇和曹利军，2007；Pike and Pollard，2010；Hall，2012；周南南和林修宇，2020；龚勤林和宋明蔚，2021）。

从产业结构或行业角度来看，表现为产业或行业的金融属性增强，资产流动性发生变化，各类资产逐渐向金融资产发生转化。其中，大宗商品的金融化最具代表性，主要表现在对大宗商品的价格决定方面，由于金融投资者对大宗商品期货市场的大量参与，大宗商品的价格不再简单地由供求关系所决定，而是由一系列的金融因素所决定（Mayer，2012；Irwin and Sanders，2012；崔明，2012；Henderson et al.，2015；戴险峰，2017；张成思，2021）。

3. 微观层面的经济金融化

微观层面的经济金融化即企业金融化，可以从两方面进行界定：一方面是行为角度，企业对资源的配置越来越偏向于资本运作，产业资本所创造的超额利润、垄断利润转换为以利息、股息和红利等资本所有权收入的形式，经济金融化被视为一种积累模式的演进。另一方面是结果角度，利润的获得大多依赖于金融途径而非贸易和商品生产途径，金融企业所获利润占社会总利润的比例增加，非金融企业所得利润中来自金融渠道的比重上升。

从行为角度，即企业治理视角来看，主张股东价值支配论的学者们认为，20世纪80年代以来，随着经济活动的全球化和新自由主义的深入，金融资本在全球快速流动，改变了以往的资本结构和产业结构，经济金融化对非金融公司治理结构进行重构，"股东价值"占支配地位，股东在收入分配上可以获得更多的分红，并在投资方向选择等公司战略决策时更具有话语权，促使非金融公司在金融领域投资更多（Lazonick and O'Sullivan，2000；Aglietta，2000；Crotty，2003）。

从结果角度，即资本积累视角来看，在股东价值支配下，利润的获取途径对金融活动的依赖逐步增强，大多依赖于金融途径而非贸易和商品生产途径，从而使剩余价值的积累主要集中于金融部门（Krippner，2005；Foster，2007）。

综上所述，关于经济金融化的界定虽然各有不同，但共识之处在于：经济金融化意味着在经济发展进程中，相较于产业部门或产业资本，金融部门或金融资产可以获得更多的利润，且逐渐占据主导地位。因此，本书尝试对金融化的概念进行界定：经济金融化是经济活动重心由产业部门和其他服务部门向金融部门偏移的动态进程，金融部门的规模和地位不断扩大和提升，金融对经济的拉动作用不断增强；企业金融化是经济金融化概念的延伸，是指企业的金融市场参与度不断加大，依靠资本运作和投、融资的力度增强，金融资本在企业活动和资产分配过程中的地位不断提升。

（二）其他金融相关概念

经济金融化与金融发展等相关概念极易混淆。为清晰准确地对经济金融化进行研究，现对金融发展、金融抑制、金融深化、金融自由化、金融约束进行区分，探究它们之间的区别与联系。

1. 金融发展

金融发展包括金融交易规模增长、金融效率提升、金融机构升级，以及金融对经济发展贡献度的提高，主要体现在通过完善金融结构以适应不同阶段、不同特征的经济发展，减弱金融抑制，为金融工具提供创新的可能性。金融发展离不开金融创新的驱动作用，制度与技术的双重创新推动了经济主体对潜在收益的追求。

金融发展是对金融结构变化的衡量，通常运用金融相关比率、金融资产中和重要金融工具中金融机构的份额、各金融工具在全部金融资产中的份额以及各金融机构的比重来表示金融结构不同时点的变化（Goldsmith，1969）。

金融相关比率是某一时期一国全部金融工具的市场总值占该国有形国民财富总值的比例，反映的是金融上层结构与经济基础结构在规模上的变化关系，是金融发展的基本特点，用来衡量经济发展阶段。金融机构的金融资产占比越高，代表间接储蓄量越多，直接储蓄相对减少，储蓄、投资行为越来越依赖于金融机构来完成，这无疑提升了金融机构在经济运行中的重要性。

金融机构可分为三种基本类型：第一类金融机构的金融相关率较低，债券多于股票占比，金融机构的金融资产发行额较小，商业银行在金融机构中占统治地位；第二类金融机构虽然其金融相关比率同样处于较低水平，债券占比相对于股票来说处于较高地位，金融机构的主导力量是银行，然而在这类金融机构中，起决定性影响的是政府和国有金融机构，存在若干种政府拥有并管理的重要金融机构，有较高的国家金融中介率；第三类金融机构的金融相关率较高，股票对债券的比例较高，金融机构的金融资产发行额占比较高，且银行业在金融体系的比重下降。

2. 金融抑制

金融抑制是指过度的金融管制反而会降低经济金融运行的效率。尤其对于欠发达国家来说，导致较低经济水平的原因不仅包括资本匮乏，还包括不健全的金融市场，也正是由于尚未完善的金融市场无法保证对资本的高效利用，进一步造成了金融对经济增长的抑制作用（Mckinnon，1973；Shaw，1973）。

资本积累被视为经济增长的决定因素，而欠发达国家的实际利率较低，无法实现储蓄者的期望收益，人们的储蓄意愿较低，由于以剩余资金为主的储蓄未能参与流转过程，造成金融市场供不应求的问题频发。一方面，欠发达国家中以银行为主体的金融机构忽视了农村及小额借款群体的重要性，损失了相当一部分的用户资源，没有达到对经济活动的全面渗透。银行信贷更大程度上是大型跨国公司、各种政府机构等的金融附属物，不需要考虑融资成本和预期收益就能轻松获得银行大量的资金支持，而当其他部门寻求资金支持时，却只能依赖于寻求私人放债、对既有资本进行典当或向合作社贷款等途径筹集少量资金。另一方面，低利率阻碍了新增收入向投资的转换，储蓄—投资的缺口拉大，供求矛盾加剧，经济停滞不前，而低迷的经济又进一步加剧了政府对利率的干预，抑制作用越发严重。

3. 金融深化

金融深化是主张通过放松对金融市场的管制，减少政府干预，从而来缓解金融抑制现象，是新自由主义思想在金融理论和发展经济学中的反映。

Mckinnon（1973）从发展中国家经济的欠发达性出发，发现当下发展中国家普遍存在金融市场不完全、资本市场严重扭曲和政府对金融体系过度干预而影响经济发展的状况，为了消除这种金融抑制，他主张发展中国家应该进行"金融深化"，即要鼓励政府部门放宽对金融体系的管控与制约，减少对利率水平的干预，对实际利率进行适当上调，展现真实的资金供求水平。

Shaw（1973）依托经济发展理论与货币金融理论，基于发展中国家特定的经济、金融环境，提出了"金融深化"理论。他认为可以通过一国金融资产的存量、流量、价格，金融体系的规模、结构，金融市场及其垄断或竞争的程度等来衡量该国金融业是处于金融深化状态还是金融抑制状态。金融深化体现在，借助市场进行调节，降低政府对金融业的干预力度，放松利率管制，实际利率升高，储蓄增加，金融资产存量与国民收入或有形财富之比呈上升状态；金融资产流量更多地依赖于国内储蓄，而非财政收入和国际资本，货币流通速度降低；金融业竞争加剧，之前的垄断模式被打破，金融体系规模扩大，金融机构增多且呈专业化，金融产品种类和期限呈多样化，金融机构的盈利性得到提高。在金融抑制状态下，国内金融资产收益率被压低，金融资产的需求受到压制，阻碍了资本积累、技术进步和经济增长。所以，金融深化不仅有利于经济的稳定增长，还能促进储蓄和投资，增加劳动力就业，有助于收入增加和平等分配。

4. 金融自由化

金融自由化是指一国政府放弃甚至消除对金融体系的行政干预，让市场主导金融市场在资源的配置中起基础性的调节作用。金融深化是金融体系升级的过程，目的是促进金融和经济的发展，减少对经济增长的约束；而金融自由化是实现金融深化的必要手段，包括利率、汇率等的市场化，放开金融机构业务，证券市场管制自由化等一系列政策。

20 世纪 80 年代以来，受金融深化理论的影响，许多发展中国家逐步尝试推行金融自由化，但在此过程中，所带来的负面影响也逐渐显现。由于信贷配给问题并不会因为金融深化的推进而彻底消失，信息不对称问题仍然存在，基于此背景的金融深化并无法完全实现高效的资源配置，反而可能引发金融危机，如拉丁美洲"南锥体"国家发生了一系列银行恐慌和倒闭。基于这种背景，一些经济学家在总结发展中国家金融改革实践的基础上，对金融深化和金融自由化进行完善和修正，提出金融自由化次序理论。

经济市场化的实行存在最优次序的问题，财政政策、货币政策和外汇政策的次序排列不同会导致不同的后果（Mckinnon，1993）。通过考察一系列国家的经济发展历程，Mckinnon 提出，发展中国家在推行金融自由化之前，首先需要通过实施相应政策完成对政府财政的平衡。若资本市场尚未达到发达水平，当政府支出过度时，所造成的财政赤字问题无法仅依靠发行国债来解决，势必会增加对基础货币的发行量，导致通货膨胀；为了避免通货膨胀的发生，政府需要在将支出控制在一定范围内的同时进行合理融资，建立有效的税收管理制度和税收部门，保证政府能筹集到足够的财政收入。其次是开放国内资本市场，使存款人能够得到、借款人能够支付实实在在的（对通货膨胀做了调整的）实际利率，利用市场来调节借贷需求（王晋斌，2000）。但是实施这一步的前提是保证紧缩的财政控制到位，物价水平得以稳定。只有政府收入不再依赖于通货膨胀或对存款者征收过度的准备税时，银行系统才能在确定存贷款利率时不受政府的约束。但是，为了维护整个社会支付系统的安全运作，政府必须对潜在的金融危机进行防控，对金融部门实施相应的管控政策。所以在推行金融自由化进程之初，要通过一系列的调控政策来确保正向发展的实际利率和平稳的价格波动，督促企业尽快偿还债务，避免长期负债，优化信贷配给。在贸易和金融成功地完成自由化之后，外汇自由化才是经济市场化最优次序的最后阶段。

金融自由化次序理论强调了在进行金融改革时，要基于现实背景，注重宏观政策的相互协调配合，只有保证国内经济的稳定发展，正确排列政策次序，才能更好地推行金融自由化。因此，发展中国家为了确保经济的平稳发展，在推进金融深化和金融自由化时，应注意政策实行的先后次序。

5. 金融约束

金融深化理论的前提是完全竞争市场，且信息公开透明，市场中的交易主体都是理性的，但由于现实生活中信息不对称问题无法避免，增加了金融活动的风险，以至于 20 世纪 90 年代以来，不少发展中国家在推行金融自由化时都以失败告终。基于此背景，Hellmann、Murdock 和 Stiglitz（1997）认为，对于经济水平较低、金融程度尚不发达的发展中国家而言，在经济波动平稳且通货膨胀位于较低水平的前提下，政府可以通过实施相应的宏观经济政策来约束金融部门，对利率进行人为控制，对市场进行管控，为金融活动和生产经营提供良好的发展环境，实现高效的金融体系。借助金融约束理论，处于金融抑制过程中的发展中国家可以通过一定的政府干预，改善金融市场的低效运转问题，弥补市场失灵，保证经济发展在转轨阶段可以顺利过渡到金融自由化进程。因此，金融约束理论进一步补充并拓展了金融深化理论。

综上所述，经济金融化与金融发展理论中的诸多概念存在重叠，早期的金融发展理论与经济金融化学说一脉相承，金融发展、金融深化等概念和经济金融化之间的关系更多的是一个事物在不同阶段的表现。若对其进行区分，可以说，经济金融化是经济活动逐渐呈现出金融特征的一种发展进程，而金融发展理论更多的是研究金融体系在经济发展中所发挥的作用。前者更多的是对特征的描述，后者则是政策及政策工具。可见，经济金融化与其他金融相关概念之间虽然存在联系，但也有区别，不能混为一谈。这些理论的提出都丰富了学术界对金融的探索研究，也为衡量经济金融化的程度提供了金融结构、金融效率、金融功能等多重维度的分析，有助于了解一国金融与经济之间的关系。

总体来看，政府过度干预金融市场会导致金融抑制现象，为发展经济、消除抑制现象，需要适当地推行金融自由化，归还金融市场进行自主调节的权利，实现金融深化，助力金融发展，使金融活动更多地渗透于经济发展中，经济的金融化特征逐渐显现。如果市场尚未完善，对金融管制和约束的完全放弃并不可取，需要注重金融自由化的最优次序，合理的金融约束可以提高金融体系运行的效率，将金融风险约束在可控范围之内。通过对经济金融化的界定和与其他相关概念进行区分，可以清晰地认识经济金融化的发展进程和特征，为之后的实证分析提供理论支撑。

（三）经济金融化的增长效应

经济增长是一个经济体系在一定时期内最终物质产品和服务的实际增长，本书所提出的"经济金融化的增长效应"基于经济增长理论，旨在探究经济金融化对产出水平的增长产生影响的规律和制约因素。依据宏观、中观、微观三个层面的经济金融化，界定增长效应，并归纳总结所涉及的变量。

1. 宏观层面的增长效应

宏观层面上，经济金融化的增长效应是经济金融化对实体经济增长的影响。在经济金融化适度的水平下，金融部门通过运用一系列金融工具，一方面可以促进资本的积累；另一方面可以将金融资本扩展到其他领域，提高资源配置效率，从而促进实体经济增长。但当经济金融化过度时，经济金融化会对支持实体经济增长的投资起到挤出效应，金融资本逐渐脱离生产领域，融资成本抬高，使实体经济增长乏力。

衡量经济金融化的方法不同会造成对经济金融化程度的描述出现差异，从而导致经济金融化增长效应的结果存在差异。蔡则祥、王家华和杨凤春（2004）从金融与经济的融合程度角度，将经济金融化分为经济货币化、经济信用化、经济证券化和经济虚拟化四个阶段，依据金融工具依次从货币化发展到以金融机构存、贷款等为代表的信用化，以股票、债券等为代表的证券化，以衍生金融和网络金融为代表的虚拟化，构建了包含 4 个一级指标、9 个二级指标、37 个三级指标的经济金融化衡量体系。其中涉及的变量主要包括 M0、M1、M2、存款、贷款、债券发行额、债券余额、金融资产总额、股票市值、衍生金融产品总额、网络交易总额等。宋仁霞（2008）在此基础上，通过对经济金融化的外在形式进行分类，从规模化、结构性、渗透性和效率性四个方面构建了包含 4 个一级指标、8 个二级指标、24 个三级指标的评价指标体系，涉及的变量增加了各产业上市公司数、产业增加值、金融企业利润、股票市场换手率等。田新民和武晓婷（2018）基于经济金融化的典型事实，构建了包括金融部门产出贡献率、金融相关比率、货币化率、信贷化率、证券化率、金融结构和债务规模 7 个指标的评价体系，涉及的变量增加了金融部门的产值、直接融资额、间接融资额等。

经济金融化的增长效应表现在宏观层面时，最直接的表现就是产出的变化和产出增长速度的变化。产出的变化可以通过实际 GDP、人均 GDP 的值来表示，但房地产业的金融属性日益增强，所以很多学者将目光转向实体经济，将剔除了金融业和房地产业产值之后的值近似代替实体经济产值，并将其作为衡量实体经济发展程度的指标，或直接利用第二产业增加值来代替；产出的增长速度可以通过增长率来表示，如实际 GDP 的同比增长率、实体经济增长率、工业增加值的增长率（刘金全，2004；杨乐毅，2013；朱显平和王锐，2015；田新民和武晓婷，2018；张前程，2018；吴金燕和滕建洲，2019；潘海英和周敏，2019）。衡量经济增长速度的变量主要包括实际 GDP、实体 GDP、工业增加值、第二产业增加值、人均 GDP 的增长率。

所以，宏观层面上，经济金融化的增长效应代表经济金融化的各个指标对经济产出的水平或变化速度产生增长的效应。

2. 中观层面的增长效应

中观层面上，经济金融化的增长效应为某区域、部门或某行业中的金融化对产出增长的影响作用。区域经济金融化的增长效应是某区域的经济金融化对该区域经济产出的增长效应，与宏观层面相似，但是以区域为单位进行衡量。

涉及的变量包括：

（1）衡量区域经济增长的指标，如各区域的实体 GDP 水平、区域金融资产的价值总额占本区域经济活动总量的比重等（张林、冉光和和陈丘，2014；吴金燕和滕建洲，2020）。

（2）衡量区域经济金融化时，主要为单一指标法和综合指标体系法。单一指标包括表示区域总量层面的金融业增加值占 GDP 的比重、金融业就业人数占比等指标；也有从金融机构或金融工具层面出发，表示该区域银行业、证券业、保险业发展水平的金融机构年末贷款与存款额之比、银行业储蓄存款余额、A 股发行总股本、保费收入等指标。单一指标通常运用比率或区位熵指数来计算。综合指标体系通常运用主成分分析法、层次分析法、熵值赋权法等，从金融机构、金融规模、金融市场、金融从业人数等方面选取分指标，将一系列代表经济金融化的分指标进行合成（闫彦明，2010；任英华、徐玲和游万海，2010；邓向荣和刘文强，2013；李雯和王纯峰，2018；刘尧成和李想，2019）。

（3）衡量大宗商品金融化时，通常运用"speculative T-index"来量化金融投资者的相对参与程度，该指标与金融化水平成正比（Alquist and Gervais，2013；Bruno et al.，2017；张翔、刘璐和李伦一，2017）。

3. 微观层面的增长效应

微观层面经济金融化的增长效应是指企业在经济金融化的进程中，尤其是对于非金融企业来说，通过增加金融资产投资，对提升企业价值、促进企业发展等方面的影响效应。其中，投资金融资产的动机可分为资金管理动机和市场套利动机，资金管理动机是为了通过增加资金初步以改善企业的现金流状况，市场套利动机是为了实现短期利润最大化的逐利行为。不同的企业金融化动机将产生不同的经济增长效应。

基于对微观层面经济金融化的界定，衡量企业金融化时，一是从资产配置角度出发，测算金融资产占总资产的比重，其中金融资产包括交易性金融资产、可供出售金融资产、持有至到期投资、衍生金融资产、发放贷款及垫款、投资性房地产、长期股权投资和其他流动性资产等（Arrighi，1994；Orhangazi，2008；Demir，2009；谢家智、王文涛和江源，2014；宋军和陆旸，2015）；二是从利润来源角度出发，测算来自金融活动的投资收益占营业利润的比重，其中金融渠道获利包括投资收益、公允价值变动收益、汇兑收益、其他综合收益、利息收益等（Krippner，2005；Treeck，2009；刘贯春、张军和刘媛媛，2018）。

衡量企业经济增长的变量包括以下几类：①企业未来主业业绩或经营

绩效，通常运用剔除金融投资收益的下年度资产收益率或净利润与总资产的比值来表示（高明华，2001；胡聪慧、燕翔和郑建明，2015；杜勇、张欢和陈建英，2017；倪志良等，2019）；②企业创新水平，利用研发投资与当期主营业务收入之比或无形资产净额占资产总额的比重来表示（谢家智、王文涛和江源，2014；王红建等，2017）；③企业价值，即利用市值或 TobinQ 值来表示（蔡艳萍和陈浩琦，2019）。

二、经济金融化的源起与演化历程

（一）经济金融化的萌芽（17 世纪—19 世纪 70 年代）

19 世纪 70 年代之前，西方国家在生产过程中创造剩余价值并在流通过程中实现剩余价值的产业资本占据主导地位。由于资本主义的基本矛盾是生产社会化与生产资料资本主义私人占有之间的矛盾，西方国家出现了工业高速发展与经济危机的相互交替。

18 世纪 60 年代，英国发生了工业革命，大大地提高了生产率，增加了社会财富，但财富大多都被资本家收入囊中，工人的收入占总产值的比重日益减小。1825 年，英国爆发了以货币危机为主要特征的第一次资本主义周期性经济危机。此后，随着欧美发达国家工业革命的逐渐完成，1857 年美国爆发了第一次国际性的经济危机，其原因是美国超规模的铁路建设导致的信用膨胀。经济危机从实体部门扩散至金融部门，大量银行和金融公司倒闭，纽约 63 家银行中就有 62 家停止了支付，股票市场行市下跌了 20%～50%（吴晨和李孔岳，2009）。在自由资本主义阶段，自由竞争在促进资本家提高生产率的同时，也引起了生产和资本的集中，造成了生产者的两极分化，从而加剧了资本主义的矛盾。

进入 19 世纪，工业革命的发展大大提高了生产力，生产形态由传统的工场手工业转化为机器大工业，产业资本家所代表的股东阶级占据了绝大部分的剩余价值，他们在将剩余价值投入必要的生产领域的同时，还将部分剩余价值转化为股票和债券等形式的金融资本，以期实现对未来生产的索取权。对剩余价值的追逐使垄断资本家不仅在生产领域，更在金融领域通过各种金融手段攫取超额垄断利润。马克思的资本主义财富积累模式即由货币资本交换为商品，商品出售后得到的更多的货币，在金融资本占主导的生产方式中，因其与生产过程脱节，货币并没有被用于商品流通，在一定程度上转变为借贷资本，即资本家通过让渡货币作为资本的使用权，获取利息收入，从而实现资本价值增至的循环。这种虚拟金融资本的价值积累充满了脆弱性，资本主义的经济特征由产业资本主义逐渐转向金融资本主义，经济金融化开始萌芽。

（二）经济金融化的拓展（19世纪70年代—20世纪70年代）

在这一阶段，生产和资本的集中大大加快，垄断组织急剧增加，工业企业和银行逐步融合为新型的垄断行业，产业资本也在垄断的基础上催生出了金融资本和金融寡头，并逐渐在经济领域中占据统治地位，开始对生产过程起支配作用。

19世纪70年代，自由竞争资本主义开始向垄断资本主义阶段过渡，资本的集中造成了垄断组织的形成。1879年，保尔·拉法格（Paul Lafargue）在致信茹尔·盖得（Jules Guesde）时提出了"金融资本家"的概念（保尔·拉法格，1879）。金融资本家们在各种公司的名义掩盖之下控制各种类型的工业企业、商业企业和金融企业，将各种资本融合为金融资本（保尔·拉法格，1903）。约翰·阿特金森·霍布森（John Atkinson Hobson）、鲁道夫·希法亭（Rudolf Hilferding）和列宁强调，工业资本和金融资本在一种新的社会模式下结合，反映了食利者阶层日益增长的政治和经济力量。这一时期的资本形态虽然还是以实体资本经济形态为主导，但社会模式已呈现出新的特征，工业垄断资本在一定程度上结合了银行垄断资本，从而扩张了金融资本，金融资本的统治地位已不可忽视。"金融资本"是在自由竞争被扬弃后的垄断基础上所形成的产业资本、商业资本和银行资本的统一化，是货币形式的资本（希法亭，1968）。

在这一阶段，产业资本所创造的超额利润、垄断利润转换为以利息、股息和红利等资本所有权收入的形式，经济金融化被视为一种积累模式的演进，利润的获得大多依赖于金融途径而非贸易和商品生产途径，金融企业所获利润占社会总利润的比例增加，非金融企业所得利润中来自金融渠道的比重上升。在垄断资本主义发展的背景下，金融资本逐渐向资本家手中集聚，公司所有权和管理权渐渐分离，以股东为代表的食利者阶层拥有公司的所有权并聘用职业经理人经营管理公司。食利者阶层追求高收益，造成了资本和生产的高度集中，埋下了经济危机的祸根。1929—1933 年资本主义经济大危机后，为规避经济危机所带来的负面效应，缓解对金融部门的冲击影响，各国政府逐渐重视金融风险防范，加大了对金融部门的监管力度，推进金融体系升级，优化金融结构，完善金融政策。

（三）经济金融化的大爆发（20 世纪 80 年代至今）

马克思主义政治经济学认为，商品的价值与生产该种商品的必要劳动时间成正比，货币作为一般等价物，是衡量商品价值的尺度。布雷顿森林体系解体前，世界货币体系以美元为中心，且将美元与黄金挂钩。虽然之后美元不再等价于黄金，但美元作为世界货币的重要组成部分，进入商品流通过程中仍具有较高地位。为保证金融的垄断地位，美国开始大量发行纸币，以此作为低成本积累垄断资本的主要来源，流通于金融市场的信用货币量猛增，加剧了经济金融化程度。

20 世纪 70 年代，欧美发达国家接连陷入"滞胀"[1] 局面，凯恩斯主义饱受攻击。同时，契合国际金融资本发展的需求，沉寂多年的新自由主义迎来了转机。1974 年和 1976 年，主张新自由主义的代表人物——哈耶克和米尔顿·弗里德曼（Milton Friedman）分别获得诺贝尔经济学奖，提高了该理论的社会认可度。1979 年，英国首相撒切尔夫人公开宣布以新自由主义作为执政理念，推行全面私有化。1981 年，里根就任美国总统，推行经济

---

① 滞胀，即停滞性通货膨胀，是经济停滞、失业及通货膨胀同时持续高涨的经济现象。

自由化尤其是金融自由化，削减政府权力，放松对金融市场的监管，在大洋彼岸与之遥相呼应。之后，西欧国家的一些左翼政府也相继对新自由主义表现出极大的热情，开始采纳新自由主义的经济政策。新自由主义推动了国家垄断资本主义向国际垄断资本主义转变。在西方左翼学者中，热拉尔·杜梅尼尔（Gerard Dumenil）和多米尼克·莱维（Dominique Levy）认为，新自由主义是资本主义的最新制度模式，它旨在恢复二战后一度被削弱的金融资本霸权（上层统治阶级）的力量。在政治经济发展过程中，金融资本的主导地位逐渐恢复，最明显的表现在于货币积累的途径发生变化——金融活动中产生的货币积累日益增多，甚至赶超生产经营过程中形成的货币积累，金融资本主义对全球经济的统治地位逐渐展现。相较于以往，金融资本形成了以新自由主义为思想基础的意识形态，金融帝国主义全球化的金融资本新剥削模式也逐渐形成。

与此同时，生产率提升、科技水平爆发式增长不遗余力地推动着经济金融化的升级，使各国经济建立密切联系的全球化进一步巩固了垄断金融资本的霸权地位。随着信息社会的发展，金融机构不断创新，新型金融工具和交易形式层出不穷，虚拟金融资本逐渐占据主导地位，金融已渗入家庭部门和商品交易，表现为家庭部门的金融交易参与度提高、大宗商品交易的金融化。1972年，世界上第一家金融期货交易所——芝加哥国际货币市场创立，推出了货币期货，揭开了期货市场创新发展的序幕。石油危机导致的石油价格剧烈波动直接催生了石油期货。此后，大宗商品期货市场成为金融市场的重要组成部分。技术革新方面，美国等金融帝国主义强国利用领先的技术研发技术和知识产权的优势，提高了发展中国家的技术使用成本，也成为金融帝国主义重要的收益来源，既促进了垄断资本主义的经济发展，增强自身垄断的权利，也可以阻碍他国的产业技术升级，从而掠夺更多的剩余价值。但随之而来的是，金融帝国主义强国内部产业空心化的加剧、剩余价值的激增和更严重的资本过剩。虽然杰拉德·德斯坦·伯尼斯（Gerard Destanne Bernis）最早关注了金融主导权的持续上升所带来的经济变化，但是，"金融化"一词的兴起应归功于凯文·菲利普斯（Kevin Phillips）。1993年，菲利普斯在《沸点》（*Boiling Point*）一书中使用了金融化一词，并在《美国的经济金融化》一文中将金融化界定为"脱节的实体经济和金融经济之间的延续性割裂"（Sawyer，2014）。

高新技术的发展促使世界各国相继卷入经济全球化的大潮，以美国为代表的国际垄断资产阶级到处推行新自由主义理论和"华盛顿共识"①，逐步巩固了其在西方经济理论中的统治地位，它所鼓吹的经济政策似乎也成为一些发展中国家所遵循的金科玉律，先后约有 40 个国家进行了改革。在经济自由化进程中，金融自由化和金融国际化尤为引人注目，影响最大，它为国际垄断资本控制全球经济提供了一个至关重要的杠杆。随着各国金融化程度的加深，金融资本重获权力、收益和财富，世界经济进入了第二个金融霸权时期。这个时期的金融资本以银行资本为核心，控制了大部分的经济部门和产业部门。基于实体经济发展出现停滞，尤其是制造业显露产能过剩和收益减少的情况，资本的逐利本性促使资本主义生产方式进行调整，一是把劳动密集型产业转移到发展中国家，二是将资本向金融部门转移，通过对虚拟资本的经营来获取高额利润，出现了一系列的金融衍生品。也正是由于经济活动的全球化和科技的飞速发展，金融资本在全球的快速流动，改变了以往的资本结构和产业结构，强化了金融市场在资源配置中的支配作用（杨典和欧阳璇宇，2018），导致经济金融化水平爆发式增长，显现出新的发展特征：随着金融工具的不断创新，运用新型金融工具进行的金融交易不断增多；金融对生产关系的全面渗透意味着金融体系已经逐步渗透进各种商业关系之中（Fine，2010）。由此，有观点认为，可以将 20 世纪 80 年代以后的经济金融化视为新自由主义金融化，因为这一时期同新自由主义时代和全球化的年代大致相符（Vercelli，2013）。

Foster（2007）在《资本主义的金融化》一文中指出，新自由主义、全球化和金融化是资本主义发生变化的三大特征，其中金融化特征日益凸显，新自由主义全球化的本质就是金融化的垄断资本在全球的扩张。但是，由于倾向于"以经济优先"为名的新自由主义牺牲社会福利，将社会危机的解决方式简化为以市场为基础的经济方案，进而演变为激进的"市场原教

---

① 华盛顿共识，是位于华盛顿的三大机构——国际货币基金组织、世界银行和美国政府，根据 20 世纪 80 年代拉美国家减少政府干预、促进贸易和金融自由化的经验所提出的一系列政策主张。

旨主义"变革，因此在 2007—2008 年爆发全球金融危机后，新自由主义理论广受诟病。

以对美国经济金融化与金融危机的观察为例，美国是资本主义经济金融化的典型代表，在垄断资本金融化中，金融在社会经济中逐渐承担主要角色，实体资本向虚拟资本转换，银行和金融机构发展迅速，金融工具的不当使用使得杠杆率过分增长，这表明金融活动中虚拟资本的交易量过分增大，甚至出现大幅超出实体经济所需的信用需求量。与此同时，美国政府推行的自由主义经济政策和金融资本为主导的社会政治生态使得国家的政治、经济、社会全面地向经济金融化转型，进一步加剧了泡沫经济。虽然美国在 2008 年全球金融危机后进行了一系列的调整和改革，但由于其资本主义制度仍未改变，形成危机的因素仍然存在。

由此可见，20 世纪 80 年代以来的经济金融化是垄断资本主义发生的深刻变化。在生产力进步和信息技术快速发展的条件下，金融资本发生了新的形态变化，虚拟金融资本逐渐主导社会经济发展，其阶段性的变化主要表现在以下几个方面：

一是金融与产业分离达到新高度，社会经济结构发生变化，金融市场逐渐处于核心地位。马克思的资本主义财富积累模式为 M–C–M'，即由货币资本 M 交换为商品 C，商品出售后得到更多的货币 M'，但在金融资本占主导的生产方式中，因其与生产过程脱节，货币并没有被用于商品流通，在一定程度上转变为借贷资本，即资本家通过让渡货币作为资本的使用权，获取利息收入，从而实现资本价值增值的循环（M–M'）。这是由资本主义生产追逐剩余利润的本质决定的，由此产生了大规模的食利者阶级，资本主义也由于全球化的发展从私人垄断、国家垄断逐步进阶为全球性的国际垄断。虚拟经济与实体经济的分离使得欧美发达国家在保有核心高科技技术的背景下，将制造业转移到发展中国家，赚取超额利润，从而吸引对欧美发达国家资本市场更多的投资。垄断推动了大量的经济和政治权力出现集中，尤其是金融业，银行和金融机构大大增加了对其他部门的控制，使得金融市场在整个市场体系中逐渐处于中心地位，但同时这也加重了实体经济转移利润的负担，使得经济出现停滞甚至破产。

二是企业的经济金融化。非金融部门受到经济金融化的影响，将更多的资源分配到金融方面，企业治理模式也逐渐转变为股东价值占支配性地位。在股东价值的支配下，利润的获取途径对金融活动的依赖逐步增强，经济活动重心日益向金融部门偏移，使得金融部门成为吸收经济剩余的主要渠道，导致国民收入分配极大地有利于食利者，增强了食利者的政治、经济势力（Foster，2007）。由于股东在收入分配上可以获得更多的分红，并在投资方向选择等公司战略决策时更具有话语权，促使非金融公司在金融领域投资更多（Lazonick and O'Sullivan，2000）。产业资本所创造的超额利润、垄断利润转换为以利息、股息和红利等资本所有权收入的形式，经济金融化被视为一种积累模式的演进，利润的获得大多依赖于金融途径而非贸易和商品生产途径，金融企业所获利润占社会总利润的比例增加，非金融企业所得利润中来自金融渠道的比重上升（Orhangazi，2008）。

三是国家的经济金融化和以美元为主导的金融霸权。英国和美国分别以撒切尔和里根新政为代表，推行有利于经济金融化发展的新自由主义政策，主张放松金融管制，实行自由化、私有化和市场化。资本的自由流动促使金融资本，特别是虚拟金融资本，获得了极大发展，金融垄断资本在国家信用体系的支持下，促进了跨国金融资本集团的形成，使得国际金融垄断资本主义得以实现，对发展中国家以及苏联、东欧国家带来了经济、政治和思想意识形态的渗透，促成了金融资本的统治地位，谋求了更多的金融资本利益。美元在国际货币体系中的霸权地位和强大的科学技术使得美国成为世界金融市场交易的中心，推行以货币和金融为主导的全球化，通过对货币和金融工具的掌控，掌握国际资本市场，从而实现其金融霸权的目的。

四是个人收入的金融化。随着资本主义经济金融化的发展，金融资本逐渐渗入劳动者个人收入、消费及社会保障领域。劳动者通过投资银行业务获取股票期权等金融收入，收入的增加使得劳动者对昂贵的"奢侈品"更加向往，促进了消费，尤其是在收入不能达到预期水平时，通过推行透支消费来鼓励国民通过负债实现消费，为信贷扩张和资产价格泡沫创造了条件。同时，社会保障私有化将劳动者交纳的退休储蓄最终也被纳入资本流转的进程，这是由于退休储蓄可以通过金融机构选择相应的基金、保险等金融产品进行理财，而在理财过程中所获得的收益增加了原有的储蓄，从而在增加劳动者最终退休金额的同时，也将更多的养老储蓄置于金融市场的资金流转中。

五是经济运行的债务化和金融危机的频发。经济运行的债务化主要表现在金融业、个人消费、企业和政府负债方面，这是由于金融逐渐占据经济增长的主导地位，非金融企业利润也多来自金融，但实体经济却无法支持这种增长，于是资本通过扩大负债谋求投机利润，从而获得巨额的金融利润。但是，这种虚拟金融资本的价值积累充满了脆弱性和泡沫性，一旦其中一个环节出现断裂，便会引起一系列的连锁反应，引发经济危机。从1987年美国股票的狂跌、1994年日本泡沫经济的破灭和墨西哥金融危机的爆发、1998年东南亚金融风暴，以及2009年美国次级贷款引发的全球金融危机等都充分体现了资本主义社会基本矛盾的日益尖锐。

三、经济金融化增长效应的作用机理

（一）实体经济增长效应的机理

从经济增长理论发展的视角来看，古典增长理论思想重视资本积累的作用，在供给角度研究增长问题，未将需求因素考虑在内；随后，受凯恩斯有效需求理论的影响，哈罗德—多马增长模型强调了储蓄率、投资率和资本积累是影响经济增长的关键因素，将需求因素引入增长研究，试图在凯恩斯的短期分析中整合经济增长的长期因素；之后兴起的新古典增长理论和内生增长理论又把研究视角拉回供给领域，将需求因素作为短期因素在增长分析中被淡化，但是不少流派的观点中包含着与需求因素有关的内容。一些学者基于现实经济增长过程的经验事实，对现代增长理论中对需求因素的忽视提出了不同角度的分析和批评，他们认为需求的总量增长和结构变动具有包含体制和政策问题的各种原因，有必要重视需求因素与长期增长的关系，将需求因素与供给因素相结合去理解经济增长的过程，拓宽现代经济增长理论的研究视角（Feldman et al.，1987；Nalewaik，2006；Buera and Kaboski，2012；郭克莎和杨阔，2017；严成樑，2020）。

经济金融化要想达到正向刺激实体经济增长的目的，需要保证经济金融化位于适度水平，此时经济金融化可以运用金融工具实现资本的积累，使资本通过金融市场流转到其他部门，对资源进行有效配置，实现供求均衡；相反，实体经济中的剩余资本也可以通过参与金融活动，将实体资本转换为金融资本，从而获取金融利润，扩宽收益来源，实现实体经济的财富增长。但是，经济金融化也会产生金融领域的资本自我循环、自我膨胀的现象，使得金融的投机性和不稳定性增加，实体经济与虚拟经济相分离（Theurillat et al.，2010；陈享光和郭祎，2016；潘海英和周敏，2019）。金融资本与实体资本的良性流转，可以助力高效的资源配置，使得金融部门与实体部门实现合作共赢。

经济金融化将各部门更加紧密地联系起来，现实资本与货币资本、虚拟资本相互分离又相互联系。非金融部门通过储蓄和投资等方式将资本集聚于金融部门，金融部门又将资本重新分配。

当经济金融化程度过低时，金融机构的融资能力较低，资本积累较少，对资本的分配容易不均，从而可能导致实体经济生产率低，供给与需求不相匹配，实体经济增长下降。当经济金融化程度过高时，经济金融化容易导致金融领域的资本自我循环、自我膨胀，弱化了金融投资和实体投资之间的联系，实体经济为了追求来自金融业的高利润，对生产性活动的投资进一步挤压，工人工资被迫压制在较低水平，实体产业的人才资本不断流失，实体产业规模也随之萎缩，实体经济增长低迷。但如果存在最优的经济金融化，即经济金融化程度适度时，与其服务的实体经济相匹配，金融资源合理配置，财富效应使收入水平得以提升，消费需求的扩张与供给能力的强化相匹配，进一步实现实体经济增长。经济金融化的传导机制如图1-1所示。

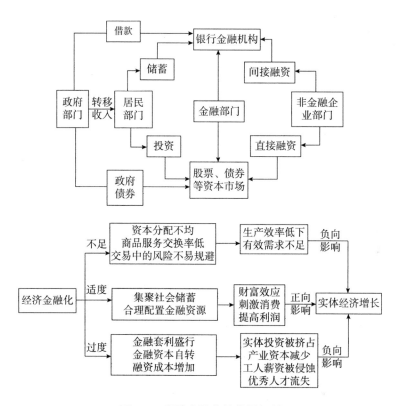

图 1-1　经济金融化的传导机制

（二）区域经济增长效应的机理

区域经济金融化影响经济增长主要通过三种作用路径：一是资本形成与积累；二是产业结构优化与升级；三是技术进步与创新（见图 1-2）。

1. 资本形成与积累

区域经济金融化是在该区域的经济发展过程中，金融因素占据的地位越来越高，随着区域经济金融化的发展，区域内的支付体系得以升级，节约了资金周转的余额，为投融资提供了便利。此外，资本的形成与积累加快了金融市场的资金流动，高效的金融体系为区域经济赢得了低融资成本，

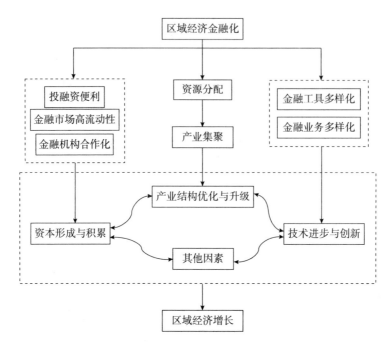

图1-2　区域经济金融化增长效应的作用机制

投资机会增多，避免风险集中。具体来说，区域经济金融化处于较高水平时，充足的金融资本和丰富的金融商品既可以实现低成本投融资的期望，使得投融资活动增多，又可以因此增强市场的活跃度和流动性。与此同时，当该区域具有较高水平的经济金融化时，会吸引金融机构聚集，虽然同类机构间的竞争压力增强，但较完善的金融系统也保证了机构间的协作共赢，为商业银行与其他金融机构的交流提供机会，碰撞出新的金融产品或金融工具；而对于金融创新的发展，势必滋生出相应的投资中介，以辅助投资者可以更全面地了解、选择合适的金融产品，不仅增加了投资数量，也提升了投资质量。区域经济金融化通过资本的形成与积累影响储蓄与投资，在发展金融业的同时，也加速了其他行业的成长，达到经济增长的目的（刘军、黄解宇和曹利军，2007；鲁晓东，2008）。

2. 产业结构优化与升级

区域经济金融化条件下，金融业的发展带来了资本的形成与积累，为了获取足够的资本支撑，不同产业开始集中于该区域，但资源的总量是有限的，这也推动着产业结构需要进一步优化、升级。究其原因，一是因为区域经济金融化可以弥补产业发展所需的生产经营资本缺口，二是产业集聚可以优化金融生态，为经济金融化平稳发展提供必要的承载空间。例如，产业集聚区通过税收优惠、放松管制等政策手段吸引金融分支机构的迁入或分设，为区域经济金融化的发展提供了初始条件。所以，适当的经济金融化和产业结构升级之间相辅相成、相互促进（范方志和张立军，2003；尹林辉、付剑茹和刘广瑞，2015；于斌斌，2017）。

3. 技术进步与创新

技术进步是经济增长的主要源泉，涵盖了优化资源配置、规模经济、应用于生产的科学技术创新等。首先，经济金融化较成熟的区域通常集中了知识型人才和技术型产业，相较于其他区域来说，具有较强的创新意识，且对人力资源的配置效率较高，研发型人才可以更好地投入科学技术升级领域，创造出可以提高生产率的技术，创新型技术不但被充分利用，还可以在该区域快速传播，从而推动整个区域的良性发展。而且，得益于金融市场的高效性，创新型金融工具得到快速应用，更好地适配当前需求，加速推进了区域内金融业的创新。其次，经济金融化较成熟的区域具有较强的竞争压力，为了应对不同的服务需求，金融机构必须实现产品的多样化和服务意识的高效率，进而促进产业技术升级，经济增长得以实现（卢宁，2009；成学真和龚沁宜，2020；王智勇和李瑞，2021）。

（三）企业价值增长效应的机理

1. 企业金融化的动机

现有文献从金融资产分配的维度出发，对企业金融化动机的界定主要分为两个方面：一是资金管理动机；二是市场套利动机。

（1）企业金融化的资金管理动机。当企业金融化的动机是资金管理动机时，在进行金融资产配置时，得益于金融资产较强的变现能力和灵活性，企业通过对金融资产进行变现处理，将闲置资金投入金融领域进行投资，及时填补了生产经济过程中所需的资金缺口，企业的流动性得以提高，当现金流遭受负面因素干扰时，不会因融资困难而造成生产停滞，使得资本可以以较小的波动实现流转。此外，通过运用期权、期货等金融工具固定远期价格从而实现价格的平稳波动，降低负面影响。

（2）企业金融化的市场套利动机。当企业金融化的动机是市场套利动机时，说明企业既拥有较合适的投资机会，又可以通过持有金融资产来满足高额的投资回报期望。但是，因为企业资源的有限性，在资源总量一定的基础上，当企业将更多的资源用于金融投资时，用于实物投资的资金相应减少。此时，企业金融化对投资偏好和经营管理产生影响，在配置资产时会向金融资产投资偏移，长此以往，企业的资金来源逐渐偏向于通过参与金融活动获取收益，不再重视自身生产性活动的资金需求，从而冷落了企业的主营业务，降低了企业成长中制造生产的重要性。

2. 企业金融化对企业价值的作用路径

由于企业金融化动机的不同，对实体投资可能产生"蓄水池效应"或"挤出效应"，企业金融化对企业价值的影响既可能产生积极影响，也有可能造成消极影响，这取决于这两种效应的相对大小。

一方面，从产业资本角度来看，企业金融化可以拓宽资本的来源途径，提高融资能力和效率，降低企业对外部融资的依赖，经营效率得到提高，从而促进企业的快速发展，企业价值得到提升。基于内生增长理论，资本是企业经济增长的内生变量，随着企业金融化进程的推进，资本市场通过对资源的有效分配使得技术创新可以获得大规模的融资投入，在分散风险的同时提高了生产率，从而对企业的发展产生促进影响，此时，企业金融化的"蓄水池效应"占主导（Bonfiglioli，2008；Gehringer，2013；Arizala et al.，2013）。

　　另一方面，企业金融化对企业价值也可能具有负面影响。当企业金融化不足时，融资成本较高，当企业金融化过度时，企业金融化导致金融投资增加，从实际投资中分流资金，在对金融资产进行分配时，用来参与金融活动的资金越多，用来进行产品生产和研发创新的资金就会相对越少，挤占了企业投资实业的资源，导致企业的生产效率降低，全要素生产率的增长受到制约；同时，股东致力于获得最大化的股权收益，为了满足股东需求，企业盲目增加金融投资，也会分流本应投入实业发展的资金，从而对企业的发展造成负向影响，企业价值发生下滑，此时，企业金融化的"挤出效应"占主导（Tobin，1965；Stockhammer，2004，2005；Barradas，2017；戚聿东和张任之，2018）。

　　此外，企业规模和股东的话语权等因素对企业金融化的增长效应同样产生影响，规模更大的企业更容易获得大规模的信贷支持，融资渠道更多；股东话语权更大的企业受股东价值意识的影响，为了获取更快更高的收益而增加对金融资产的投资，挤出用于实体产业的固定资产投资，从而影响企业的发展（Boyer，2000；Khanna and Yafeh，2007；Lu et al.，2012；Seo et al.，2012；Leila，2018）。

　　因此，在企业金融化进程中，企业增加对金融资产的投资，便会紧缩对生产性活动的投资，虽然参与金融活动所获得的短暂性高收益可以在一定程度上对冲因生产经营收益率降低而导致的总收益水平走低，如果参与金融活动所获得的利润足够高，甚至可以使企业价值得以上涨。但是，当过度配置金融资产时，实体产业会逐渐呈现空心化，对企业长期发展造成资本错配等负面影响。因此，只有适度的企业金融化才能避免投资浪费，改善企业盈利状况，提升企业价值（见图1-3）。

　　本章内容为经济金融化的基本原理及其增长效应的作用机理，主要阐释核心概念、经济金融化的源起与演化历程、经济金融化增长效应的作用机理。首先，界定本书的核心概念——经济金融化及其增长效应、其他相关概念、经济金融化的增长效应。其中，经济金融化包括宏观经济金融化、区域经济金融化、企业金融化。其次，按照时序对经济金融化的源起与演化历程进行梳理，明确经济金融化的特定背景与阶段。最后，阐述经济金

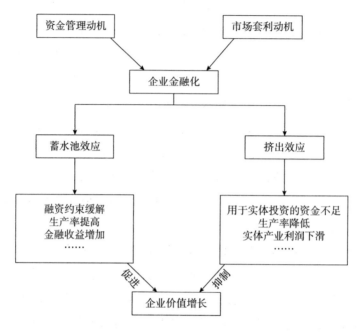

图1-3　企业金融化增长效应的作用机制

融化增长效应的作用机理，包括经济金融化对实体经济增长的影响、区域金融化对区域经济增长的影响、企业金融化对企业价值的影响。通过对原理和机理的分析，为后续实证分析提供基础和铺垫。

第二章
中国经济金融化进程的测度与特征

本章通过界定经济金融化内涵与外延，构建中国经济金融化进程的测度指标体系，借用具体指标数据度量中国经济金融化的分项指标，并通过主成分分析法合成为中国经济金融化指数。在此基础上，本章从定性和定量相结合、纵向考察和横向对比相结合的角度，考察中国经济金融化的演化阶段和时空特征。

一、中国经济金融化指数的构建

经济金融化是金融部门在经济发展中的地位发生变化的进程，反映在金融资产规模、利润来源途径、劳动力资源的配置等方面。其重心是"转向"，即由产业部门和其他服务部门向金融部门偏移；其历程是渐进而非突变，甚或遭遇逆转和反复的。因此，考察经济金融化，应以"经济活动的重心转移"或"金融在经济发展中的地位"为主线，以"金融资产规模、利润、就业占比"为衡量标准，以中国金融改革进程为参照，聚焦"转向"的偏移程度。

金融资产规模、利润来源途径、劳动力资源配置等可以反映金融在经济发展中所处的地位，或"经济活动的重心转移"动态。这三个方面的表现成为经济金融化的外延。

（一）中国经济金融化的测度指标与度量

金融在经济中的主导地位首先体现在规模的扩大，具体表现为金融资产规模的膨胀，以及一定时期内金融业生产经营活动的最终成果不断增多；其次体现在来源于金融业的利润不断增多，尤以主要从事于市场货物生产和提供非金融市场服务的非金融企业最为明显；最后在就业方面，金融体系的扩张和来自金融业的高利润导致从事金融业的人数不断增多。

本章选取金融资产占比、金融业增加值占比、金融利润占比和金融业就业人数占比这四个基础指标构成中国经济金融化的测度指标体系（见表2-1）。所有分项指标均为比值形式，目的是通过衡量金融相关变量所占比重的变化，从而可以看出金融在经济运行中地位的变化。

表 2-1　中国经济金融化指标体系

分指标	变量名称	指标含义
金融资产占比	FASS	中国国内金融资产/总资产
金融业增加值占比	VAL	金融业增加值/GDP
金融利润占比	PROF	来自金融渠道的利润/营业利润
金融业就业人数占比	EMP	金融业就业人数/总就业人数

1. 金融资产占比

金融资产规模的膨胀及其占总资产的比重不断提高是经济金融化的直接体现。以往文献中，多用金融资产占国内生产总值（GDP）的比重，即金融相关比率（FIR）来表示金融资产相对于国民财富不断扩张的过程，但本章更倾向于研究金融资产的绝对规模，所以选用中国国内金融资产占总资产的比重来表示。选择此指标的原因：一是金融相关比率往往用来衡量金融发展，为了更清晰地界定经济金融化，区分经济金融化和金融发展这两个概念，选择金融资产占总资产的比重来表示经济金融化；二是因为金融发展理论多为正向支持态度，而本章对经济金融化的态度更多是持中立态度，既不默认经济金融化对经济发展起积极作用，也不认为经济金融化对经济发展有消极影响。金融资产占总资产的比重数值越大，说明金融资产在经济发展中可起到的作用越不可忽视，经济金融化程度越高。

2. 金融业增加值占比

金融业增加值占国内生产总值（GDP）的比重代表金融业的相对规模及其产出贡献率。金融业生产经营活动的最终成果不断增多反映了金融业逐渐取代产业部门成为经济活动的重心，金融业在国民经济中的地位不断提升，该指标数值越大，说明经济金融化程度越高。

3. 金融利润占比

由于数据可得性限制，选择数据相对容易获得的上市公司为观测目标，计算其金融利润占比，并将观测目标分两类进行计算：一类为所有 A 股上市公司，另一类为剔除 A 股市场中的 ST 股票、金融业和房地产业的非金融公司。这是因为金融业的利润来源于金融渠道，但中国的房地产业市场需求旺盛，使房产逐渐具有较大的投资价值，如果不剔除，可能会夸大来自金融渠道的利润占比。所以，分别计算全部 A 股上市公司和非金融公司中来自金融渠道的利润占营业利润的比重来表示该指标。该指标值越大，说明利润越来越多地通过金融交易活动获得，而不是由参与非金融生产活动所获得，经济金融化的程度越高。

4. 金融业就业人数占比

金融业就业人数占总就业人数的比重体现金融业的就业吸引力。金融业的就业人数占比越大，劳动力市场中就业人员选择从事金融业的意向越强，反映了金融业的就业吸引力增强，经济金融化程度提高。

这四个基础指标从金融资产的规模、利润来源的依赖途径、劳动力资源的配置角度对经济运行的金融化程度进行多维度描述，同时也可以体现中国经济金融化的特征。

（二）中国经济金融化测度指标的数据来源

考虑到数据的可得性、连续性和可比性，本章选取 2002 年第一季度至 2019 年第四季度作为样本区间，其中，金融资产占比数据来源于《中国国家资产负债表 2020》，金融业增加值占比及金融业就业人数占比数据来源于 Wind 资讯，金融利润占比数据来源于国泰安数据库。

为消除数据的价格因素，将 GDP 与金融业增加值分别利用 GDP 指数和金融业增加值指数以 2002 年为基期进行平减处理，转换为不变价，金融资产和利润额以 2002 年为基期进行 CPI 价格处理。然后利用 EViews 9.0 进行频率转换，将样本数据中的部分年度数据转换为季度数据，并通过 Census X-12 进行季节调整，以剔除季节因素影响。

（三）中国经济金融化指数的合成方法

本章采用主成分分析法进行指数合成。主要理由在于：评价指标之间的相关影响可以通过运用主成分分析法进行规避，大幅缩短挑选指标的时间，且在权重的确定方面具有客观性和合理性，避免主观差异性。

通过文献梳理可知，对经济金融化的测度由最开始的单一指标慢慢转变为构建综合指标，但在对分指标的选取及权重的确定方面存在诸多差异。不可否认，指标体系的测度相较于单一指标更客观全面。在对多指标进行合成时，既往文献中运用过以下几种方法：层次分析法、熵值法、主成分分析法等（肖雨，2014；田新民，2018；温涛，2020）。层次分析法虽然简洁实用，但由于在计算过程中存在判断的一致性差异和缺乏科学性等问题，可信度较低，即便后期模糊综合评判法改进了计算中的判断模糊性和不确定性，但在权重的确定过程中仍存在评价专家的主观差异性。熵值法虽然是客观赋权法，避免了主观性，但忽略了指标本身的重要程度。主成分分析法中各综合因子的权重是根据贡献率大小确定的，避免了主观性差异。所以，在对经济金融化进行测度时，本章选择主成分分析法，通过合成综合性的金融化指数来对中国经济金融化进行测度。

在实证研究分析中，探索变量之间的规律时，所涉及的变量数往往较多，数据收集的任务量较重，而且变量之间经常具有相关性、内生性等关系，提高了实证分析的难度。对单一指标进行测度分析时，无法囊括变量的所有信息，分析较片面化；对所涉及的变量随机删减时，由于有效信息的缺失得出的结论可能具有偏误性。因此需要找到一种合理的方法，在减少需要分析的指标的同时，尽量减少原指标包含信息的损失，以达到对所收集数据进行全面分析的目的。

因子分析法是从所有变量中提取共性因子，减少变量数目，是把变量表示成各因子的线性组合。主成分分析法是利用降维，把给定的相关变量通过线性转换调整为另一组互相不具备相关关系的变量，并将新变量按方差递减顺序排列，使第一变量具有最大方差。

主成分分析法的分析计算原理是假设进行主成分分析的指标变量有 m 个：x_1，x_2，$\cdots$，x_m，共有 n 个评价对象，第 i 个评价对象的第 j 个指标的取值为 x_{ij}。

基础指标的数据类型、计量单位或数量级可能存在不一致的问题，因此在合成综合性指数之前，需要对各指标进行无量纲化处理，以保证度量结果的可比性、合理性。主流做法是采用标准差化的方法进行无量纲化处理，即将各指标值 x_{ij} 转换成标准化指标 $\tilde{x}_{ij}$：

$$\tilde{x}_{ij} = \frac{x_{ij} - \bar{x}_j}{s_j}, \quad (i=1, 2, \cdots, n; j=1, 2, \cdots, m) \tag{2-1}$$

其中，$\bar{x}_j$、s_j 分别为第 j 个指标的样本均值和标准差。

$$\bar{x}_j = \frac{1}{n} \sum_{i=1}^{n} x_{ij} \tag{2-2}$$

$$s_j = \sqrt{\frac{1}{n-1} \sum_{i=1}^{n} (x_{ij} - \bar{x}_j)^2}, \quad (j=1, 2, \cdots, m) \tag{2-3}$$

相关系数矩阵：

$$R = (r_{ij})_{m \times m} \tag{2-4}$$

$$r_{ij} = \frac{\sum_{k=1}^{n} \tilde{x}_{ki} \cdot \tilde{x}_{kj}}{n-1}, \quad (i, j=1, 2, \cdots, m) \tag{2-5}$$

其中 $r_{ii}=1$、$r_{ij}=r_{ji}$，r_{ij} 是第 i 个指标与第 j 个指标的相关系数。

计算相关系数矩阵 R 的特征值 $\lambda_1 \geqslant \lambda_2 \geqslant \cdots \geqslant \lambda_m \geqslant 0$；及对应的特征向量 u_1，u_2，$\cdots$，u_m，其中 $u_j = (u_{1j}, u_{2j}, \cdots, u_{mj})^T$，由特征向量组成 m 个新的指标变量：

$$\begin{cases} y_1 = u_{11}\tilde{x}_1 + u_{21}\tilde{x}_2 + \cdots + u_{n1}\tilde{x}_n \\ y_2 = u_{12}\tilde{x}_1 + u_{22}\tilde{x}_2 + \cdots + u_{n2}\tilde{x}_n \\ \cdots \\ y_m = u_{1m}\tilde{x}_1 + u_{2m}\tilde{x}_2 + \cdots + u_{nm}\tilde{x}_n \end{cases} \tag{2-6}$$

其中，y_1 是第一主成分，y_2 是第二主成分，$\cdots$，y_m 是第 m 主成分。

在进行综合评价时，计算特征值 λ_j（j=1，2，$\cdots$，m）的信息贡献率和累积贡献率，其中主成分 y_j 的信息贡献率为 b_j，主成分 y_1，y_2，$\cdots$，y_p 的累积贡献率为 α_p。

$$b_j = \frac{\lambda_j}{\sum\limits_{k=1}^{m}\lambda_k} \ (j=1, 2, \cdots, m) \tag{2-7}$$

$$\alpha_p = \frac{\sum\limits_{k=1}^{p}\lambda_k}{\sum\limits_{k=1}^{m}\lambda_k} \tag{2-8}$$

对主成分个数进行确定时，可以通过特征值或累积方差贡献率来确定，一是将特征值大于 1 的成分进行提取，作为主成分，这代表该主成分对原始变量信息的解释能力较强；二是当累积贡献率 α_p 接近于 1 时，选择大于 85% 的主成分，代替原来 m 个指标变量，从而对 p 个主成分进行综合分析。将提取出的各个主成分 y_j 与其信息贡献率 b_j 相乘后相加，得到综合评价得分：

$$Z = \sum_{j=1}^{p} b_j y_j \tag{2-9}$$

首先检验原始变量间是否存在相关性，以此衡量所选变量是否适用于因子分析，从而明确各基础指标是否可以运用主成分分析法来合成指标。只有确保原始变量各序列之间存在较强的相关性，才能从中提取方差最大的主成分。

主成分分析法常用的相关性检验有 KMO（Kaiser-Meyer-Olkin）检验和巴特利特（Bartlett's）球形度检验。KMO 检验用于检查变量间的相关性和偏相关性，取值为 0~1。KMO 统计量越接近于 1，变量间的相关性越强，偏相关性越弱，因子分析的效果越好，当 KMO 统计量在 0.5 以下时，便不适合应用因子分析法。

Bartlett's 球形度检验用于检验相关阵中各变量间的相关系数矩阵是否为单位阵，即检验各个原始变量是否各自独立。当 Bartlett's 球形度检验的 p 值小于 0.05 时，说明数据呈球状分布，各变量在一定程度上相互独立，复合因子分析的标准。

在对中国经济金融化指数合成的方法选择中，构建的指标体系包含四个不同层面的分指标，主成分分析法在不施加任何理论约束条件和不依赖先验假设的前提下，对各分指标的原始序列进行线性转换，以便全面考察影响经济金融化进程的因素。同时，尽可能保留原始变量中所包含的主要信息，避免关键信息的遗漏和多重共线性问题的出现，使得中国经济金融化指数的计算更具可操作性和合理性。

二、中国经济金融化进程的测度

（一）金融资产占比

金融资产规模的膨胀及其占总资产的比重不断提高是经济金融化的直接体现。此处，中国的金融资产为居民部门、非金融企业部门、金融部门和政府部门的金融资产之和，由于国外部门只对其金融资产和负债进行核算，不考虑非金融资产，故未将国外部门计入统计。参考《中国国家资产负债表 2020》的核算方法[1]，整理计算得到中国 2002—2019 年金融资产占比（见

---

[1]　在《中国国家资产负债表 2020》中，居民部门金融资产中的"存款"一项包含保本和非保本理财。

表2-2）。其中，中国金融资产包括四大部门中的通货、存款、贷款、未贴现银行承兑汇票、保险、金融机构往来、准备金、债券、股票及股权、证券投资基金份额、中央银行贷款、直接投资、国际储备资产及其他资产；总资产由非金融资产（固定资产、存货、其他非金融资产）和金融资产两部分组成。

表2-2以现价对资产额进行核算，可以看出，中国国内金融资产占比总资产的平均数值约为60%，说明中国金融资产规模较大，对金融资产的分配会在一定程度上对宏观经济运行产生较大影响。

表2-2   2002—2019 年中国金融资产规模及占比

单位：万亿元，%

年份	金融资产					总资产	金融资产占比
	居民部门	非金融企业部门	金融部门	政府部门	合计		
2002	18.640	16.086	26.654	7.910	69.289	122.749	56.448
2003	23.038	17.645	32.062	8.710	81.456	144.702	56.292
2004	29.425	21.222	39.794	9.557	99.997	175.502	56.978
2005	34.691	22.383	48.045	11.439	116.558	205.254	56.787
2006	41.853	29.761	57.216	13.557	142.387	247.235	57.592
2007	52.235	55.011	73.139	18.961	199.345	327.122	60.939
2008	65.213	36.910	87.673	22.285	212.080	353.986	59.912
2009	75.334	60.253	109.538	26.646	271.771	440.813	61.652
2010	91.914	72.005	128.904	34.688	327.512	537.601	60.921
2011	112.643	58.644	155.357	43.940	370.584	629.537	58.866
2012	130.780	67.626	184.591	51.390	434.387	724.099	59.990
2013	162.455	69.895	214.996	60.340	507.686	852.485	59.554
2014	184.365	85.858	255.513	69.793	595.529	968.944	61.462
2015	203.958	108.916	310.175	81.638	704.687	1118.818	62.985
2016	227.766	116.032	368.509	90.003	802.310	1263.669	63.490
2017	257.673	109.808	399.721	109.254	876.457	1396.973	62.740
2018	285.785	91.991	412.801	122.309	912.887	1506.235	60.607
2019	325.027	97.266	437.208	134.194	993.695	1655.598	60.020

资料来源：《中国国家资产负债表2020》。

　　将金融资产和总资产的原始数据进行价格处理，以 2002 年为基期，利用 CPI 指数得到平减后的金融资产和总资产，然后将年度数据转换为季度数据，计算两者比值，得到 2002—2019 年的金融资产占比，如图 2-1 所示。2002—2019 年中国金融资产占比平均水平为 59.842%，在 60% 左右的水平轻微波动。2016 年第二季度达到最高值 63.555%，相较于 2003 年第一季度的 56.184% 增长了 7.371%。2016 年第二季度后，中国金融资产占比一路下滑，2019 年的金融资产占比回降至 2010—2013 年的水平。

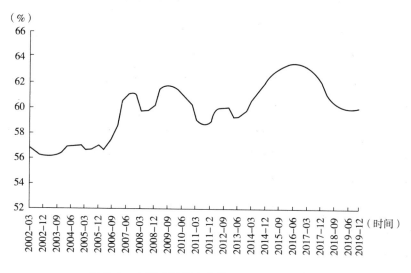

图 2-1　中国金融资产占比（2002—2019 年）

资料来源：《中国国家资产负债表 2020》。

（二）金融业增加值占比

　　金融业的相对规模和对 GDP 的贡献率可以通过计算金融业增加值占比国内生产总值（GDP）来表示，金融业生产经营活动的最终成果不断增多肯定了金融业的不断发展及其在国民经济中的贡献率及地位的提升。为了消除价格因素影响，以 2002 年为基期，将 GDP、金融业增加值分别利用 GDP 指数、金融业增加值指数进行平减处理，转换为不变价，整理计算出中国 2002—2019 年金融业增加值占比（见表 2-3）。可以看出，中国金融业增加值占比呈增长趋势，即金融业对 GDP 的贡献率日益提高，且在 2005 年后有加速上升的趋势，即便 2008 年全球金融危机爆发，金融业增加值占比为 5.364%，依然保持较强的拉动力。

表 2-3　2002—2019 年中国金融业增加值占比

单位：万亿元，%

年份	现价		不变价（2002 年 = 100）		金融业增加值占比
	GDP	金融业增加值	GDP	金融业增加值	
2002	12.172	0.556	12.172	0.556	4.564
2003	13.742	0.605	13.394	0.597	4.457
2004	16.184	0.660	14.748	0.625	4.237
2005	18.732	0.749	16.429	0.713	4.341
2006	21.944	0.997	18.518	0.882	4.765
2007	27.009	1.520	21.154	1.110	5.248
2008	31.924	1.835	23.195	1.244	5.364
2009	34.852	2.184	25.375	1.448	5.705
2010	41.212	2.573	28.074	1.577	5.618
2011	48.794	3.075	30.756	1.698	5.522
2012	53.858	3.527	33.174	1.859	5.604
2013	59.296	4.129	35.750	2.055	5.749
2014	64.356	4.685	38.405	2.271	5.915
2015	68.886	5.630	41.109	2.652	6.450
2016	74.640	5.996	43.925	2.779	6.327
2017	83.204	6.484	46.977	2.912	6.198
2018	91.928	7.061	50.147	3.051	6.084
2019	98.652	7.625	53.211	3.270	6.144

资料来源：Wind 资讯。

将平减处理后的金融业增加值和 GDP 进行频率转换，转换为季度数据后计算两者比值，得到 2002—2019 年的金融业增加值占比，如图 2-2 所示。2002—2019 年中国金融业增加值占 GDP 比重的平均水平为 5.460%。其中，2004 年后，中国金融业增加值占比出现明显的加速上升趋势，于 2015 年第四季度达到最高值 6.499%，虽然之后在 2018 年第三季度降至 6.076%，但之后逐渐回升，至 2019 年第四季度时，金融业增加值占比已达到 6.200%。

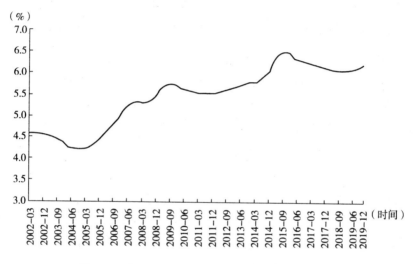

图 2-2　中国金融业增加值占比（2002—2019 年）

资料来源：Wind 资讯。

（三）来自金融业的利润占比

从利润来源角度来观察经济金融化，多是基于 Arrighi（1994）和 Krippner（2005）所提出的定义，即"利润越来越多地通过金融渠道而不是传统的商业生产与贸易渠道获得"（张成思和张步昙，2015）。当进行金融交易活动所得到的利润不断增多时，意味着经济体中金融行业利润占各行业总利润比重的增多，尤以主要从事于市场货物生产和提供非金融市场服务的非金融企业最为明显——非金融企业越来越依赖于金融渠道获利。

从国泰安数据库中选择全部 A 股上市公司的年报数据，由于中国房地产业具有一定的投资性质，将 A 股市场中的金融业和房地产业剔除，剔除"特别处理的" ST 股票，得到非金融公司的年报数据。

参考张成思和郑宁（2020）的研究分析，将采用企业金融渠道获利占比来表示金融化的度量指标，即金融利润占营业利润的比重。

其中，金融利润=投资收益+公允价值变动收益+汇兑收益+其他综合收益（损失）-对联营企业和合营企业的投资收益+利息收入-利息支出。

将数据按年份加总，得到 2002—2019 年全部 A 股上市公司及非金融公司的金融利润和营业利润总和。为消除价格影响，以 2002 年为基期，运用 CPI 指数进行平减处理，然后进行频率转换，将数据转换为季度数据，计算两者比值，可以得到全部 A 股上市公司和非金融公司来自金融业的利润占比。如图 2-3 所示，全部 A 股上市公司先后出现四个峰值，分别为 2006 年第三季度（87.358%）、2008 年第三季度（111.811%）、2012 年第三季度（96.650%）、2015 年第二季度（115.538%），2019 年第四季度达到 109.411%；非金融公司于 2006 年第四季度、2009 年第二季度、2012 年第四季度和 2016 年第一季度出现峰值 7.502%、15.543%、8.423% 和 18.478%，2019 年第四季度达到最高值 18.502%。对二者进行比较可以看出，2002—2019 年中国全部 A 股上市公司和非金融公司来自金融业的利润占比都存在较大波动，但全部 A 股上市公司远高于非金融公司来自金融业的利润占比。尤其是 2005 年后，全部 A 股上市公司来自金融业的利润占比骤增，与非金融公司的差距逐渐拉大，且非金融公司来自金融业的利润占比发生增长或降低均滞后于全部 A 股 1~3 个季度。

因此，包含金融业、房地产业的全部 A 股上市公司的金融利润占比夸大了经济金融化的程度，为增强经济金融化指数计算的合理性和准确性，在对指标进行合成时，选择非金融公司作为观测目标。

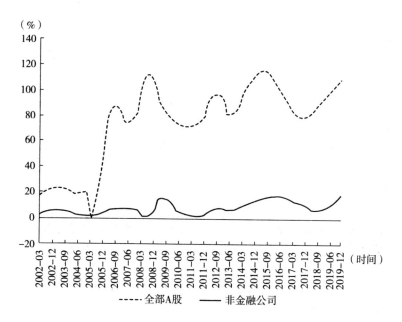

图 2-3 中国非金融企业来自金融业的利润占比（2002—2019 年）

资料来源：国泰安数据库。

（四）金融业就业人数占比

金融在经济中逐渐占据主导地位还表现在就业的吸引力逐渐增强，金融业在中国就业结构中的重要性显著提升，即金融业就业占比增多。

考虑到数据的可得性，以城镇就业人数替代就业人数。此外，2002 年、2003 年、2015—2019 年缺失季度数据，故将年度数据转换为季度数据后补充缺失值，计算金融业城镇就业人数与城镇就业总人数的比值，结果如图 2-4 所示。2002—2013 年第一季度，中国金融业就业人数占比缓慢波动增长，2013 年第四季度金融业就业人数占比跌至 2.971%，随后恢复增长，并自 2018 年第四季度开始急速增长，至 2019 年第四季度，金融业就业人数占比已高达 4.813%。

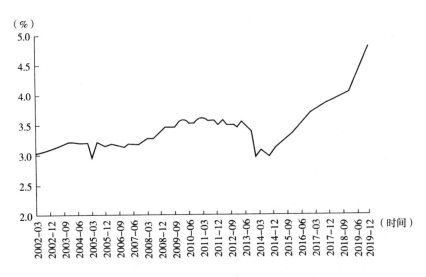

图 2-4　中国金融业就业人数占比（2002—2019 年）

资料来源：国泰安数据库、Wind 资讯、《中国统计年鉴》。

（五）中国经济金融化指数的合成

1. KMO 与 Bartlett's 球形度检验

由于主成分分析法需要确保原始变量各序列之间存在较强的相关性，所以先运用 SPSS 23.0 进行 KMO 与 Bartlett's 球形度检验，检测中国经济金融化指数的合成是否可以运用主成分分析法来实现。

如表 2-4 所示，KMO 值为 0.644，大于 0.6，反映了各指标间较强相关性的存在；Bartlett's 球形度检验近似卡方为 281.572，且在 1% 的显著水平下拒绝了"各指标间的相关系数矩阵为单位阵"的原假设。结果表明，指标体系中的各分指标适合进行主成分分析。

表 2-4 KMO 与 Bartlett's 球形度检验结果

取样足够度的 KMO 度量		0.644
Bartlett's 球形度检验	近似卡方	281.572
	df	6
	Sig.	0.000

2. 主成分分析结果

运用 SPSS 23.0 对所选指标进行主成分分析,得到中国经济金融化指标体系的主成分分析结果,可知各主成分的特征值和方差贡献率。表 2-5 内容说明,通过主成分分析法,可以提取出一个主成分,其特征值大于 1,且方差累积贡献率达 71.715%,虽然未达到 85%,但由于分指标数量只有 4 个,这一个主成分已涵盖了 4 个分指标 70% 以上的信息,具备较好的降维效果,且能够较为准确地描述中国经济金融化的走势和波动水平。因此,选择提取一个主成分来计算中国经济金融化指数。

表 2-5 中国经济金融化指标体系的主成分分析结果

成分		1	2	3	4
相关矩阵特征值	特征值	2.869	0.758	0.312	0.062
	方差贡献率(%)	71.715	18.938	7.809	1.539
	累积贡献率(%)	71.715	90.652	98.461	100.000
各主成分的贡献率和累积贡献率	特征值	2.869			
	方差贡献率(%)	71.715			
	累积贡献率(%)	71.715			

进行主成分分析时,通过将未旋转的成分矩阵的系数除以对应成分特征根的平方根作为指标的系数权重来计算主成分得分或因子得分。因子载荷矩阵结果如表 2-6 所示。

表2-6　中国经济金融化指标体系的因子载荷矩阵结果

	成分
	1
金融资产占比	0.918
金融业增加值占比	0.963
利润占比	0.846
金融业就业人数占比	0.619

由因子载荷矩阵 A_i 和特征值 λ_i 可计算得到综合得分模型中的系数，即主成分载荷矩阵：

$$U_i = \frac{A_i}{\sqrt{\lambda_i}} \tag{2-10}$$

由式（2-10）可得，$U_1 = \dfrac{A_1}{\sqrt{2.869}}$，结果如表2-7所示。

表2-7　中国经济金融化指标体系的主成分载荷矩阵结果

A_1	U_1
0.918	0.542
0.963	0.569
0.846	0.499
0.619	0.365

3. 指数合成结果

各分指标数据虽然都为占比形式，但数据数量级差距较大，因此在将四个分指标合成为一个综合性指数之前，需要对各分指标进行无量纲化处理，使其更具可比性，以实现度量结果的可靠性和合理性。参考已有文献的处理方法，将各分指标数值标准化，得到标准化后的数值 ZFASS、ZVAL、ZPROF、ZEMP，通过计算即可得到综合评价后的经济金融化指数 FI。

$$FI = 0.542 \times ZFASS + 0.569 \times ZVAL + 0.499 \times ZPROF + 0.365 \times ZEMP \tag{2-11}$$

根据式（2-11）计算得到中国经济金融化指数 FI，然后利用 EViews 9.0 通过 HP 滤波法分离出金融化指数的趋势成分和循环成分，以此表示中国经济金融化的走势和周期波动状况（见图 2-5)[①]。

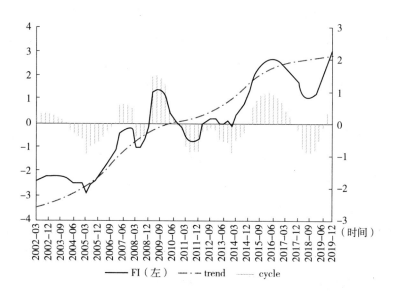

图 2-5　中国经济金融化指数（2002 年第一季度至 2019 年第四季度）

如图 2-5 所示，中国加入世界贸易组织后，2002—2019 年，中国经济金融化指数的总体趋势呈上升走势的同时表现出一定的波动性，尤其是基于 2008 年全球金融危机爆发的背景，2007—2011 年中国经济金融化指数波动最为剧烈。中国经济金融化指数最低值是 2005 年第一季度的-2.871，随后保持增长，在 2007 年第四季度达到-0.176；2008 年内，中国经济金融化指数下降又回升，但并没有升至 2007 年的指数水平；2019 年第二季度，中国经济金融化指数出现小高峰 1.401，随后在长达四年的时间内未回归至峰值；2014 年开始，指数呈增长趋势，2016 年第二季度的中国经济金融化指

---

① 在进行指数合成时，由于金融利润占比的观测目标分为两类：一类为全部 A 股来自金融业的利润占比，另一类为非金融公司来自金融业的利润占比，本书为保证结果的准确性，将二者分别进行指数合成，结果显示，前者的 KMO 值较小，且存在夸大经济金融化程度的可能性。因此，本书选择非金融公司作为金融利润占比的观测目标是合理且相对准确的。具体结果见附录 A。

数高达 2.669；虽然增长趋势并没有持续太久，于 2018 年第三季度跌至 1.088，但下降之后迅速出现回升，2019 年第四季度增至 3.009，为样本期内经济金融化指数的最大值。

为了增强本章结果的可信度，选择研究视角和方法相同的文献，对结果进行比较。田新民和武晓婷（2018）从宏观层面出发，建立了包含金融部门产出贡献率、金融相关比率、货币化率、信贷化率、证券化率、金融结构和债务规模的指标体系，并使用主成分分析法合成了中国 1992 年第一季度至 2017 年第二季度的经济金融化指数。由于货币化、信贷化、证券化都属于金融资产范畴，本章为了保证指标间的独立性，避免分指标中出现包含关系，未将这类指标分开作为分指标。将本章所得结果与之相对比发现，虽然中国经济金融化指数数值不一样，但总体走势大致相同。结果显示，中国经济金融化指数都在 2008 年前后出现较大波动，并先后于 2005 年、2008 年和 2011 年降至阶段性最低值。区别在于，本章所得结果的波动更为明显，且 2016 年后，中国经济金融化指数出现下落又回升状态，而非一直呈现上升态势。这一结果与分指标的选取有关，尤其是本章分指标中来自金融业的利润占比和金融业就业占比都在 2018 年后存在急速增长。

三、中国经济金融化的演化阶段和演化特征

（一）中国经济金融化的演化阶段

由中国经济金融化指数的波动增长状况来看，可以将样本期间内的金融化指数分为四个阶段。

1. 快速发展阶段（2002 年第一季度至 2009 年第二季度）

快速发展阶段是 2002 年第一季度至 2009 年第二季度，这一阶段中国经济金融化快速发展，经济金融化指数由负转正，由 2005 年第一季度的最低值 -2.871 增至 2009 年第二季度的峰值 1.401。

具体来看，中国 2001 年底加入世界贸易组织后，大幅开放市场，深度参与经济全球化，但由于仍处于成长初期，中国出现企业融资难、股市低迷等金融活动趋紧的状况，导致中国经济金融化一度处于平缓状态，甚至出现下降趋势。2005 年 4 月，中国证监会着手对上市公司的股权分置进行全面改革，市场化机制得以进一步完善，投资环境得到改善，适应了资本市场发展的新形势，有利于股票市场的长远发展。同年 7 月，中国实行人民币汇率改革，建立以市场供求为基础的、参考一篮子货币进行调节的、单一的、有管理的浮动汇率制，人民币升值，导致大量资本涌入中国金融市场，金融活动日益频繁。在经历一段时间的平稳发展后，中国经济金融化指数逐年增长，中国经济金融化趋势逐渐凸显。

2007 年美国次贷危机席卷了世界主要金融市场，伴随着 2008 年次贷危机所引发的全球性危机全面爆发，中国金融市场也受到了一定程度的冲击，中国经济金融化指数水平迅速下降，中国政府为了稳定金融市场，中国人民银行及时响应宏观调控政策的改变，把能够达到 4 万亿元以上作为全年新增贷款预期的主要目标，采取相对适当的货币政策，紧密追随对加大国家内需等有利于经济增长的政策颁布，增强促进经济发展的金融支持。得益于政府和市场的及时反应，中国经济金融化指数从谷底迅速在 2009 年中旬回升至最高点。

因而，这一阶段是中国经济金融化的快速发展阶段。

2. 短暂回落阶段（2009 年第三季度至 2013 年第四季度）

2009 年第三季度至 2013 年第四季度是短暂回落阶段，这一阶段中国经济金融化出现持续了两年左右的回落。

2009 年下半年至 2010 年的货币政策依然保持适度宽松，但此阶段由于货币信贷增长规模的快速提高导致了债务水平的急剧上升，货币当局需要不断引领货币条件远离危险边缘，达到正常水平，如监管金融机构对贷款的投放进程及对信贷结构的完善，继续推进金融机构改革，强化市场配置资源功能。2011 年后，中国的货币市场保持稳健发展，配合相关政策，改善金融环境，以求可以稳步推进经济增长进程，与此同时，贷款结构和融资结构进一步完善，信贷规模和社会融资规模都呈现逐步递增趋势，企业融资困难、融资成本偏高等一系列障碍得到相应改善，使得经济金融化水平呈现回升趋势。因而，这一阶段是中国经济金融化的短暂回落阶段。

3. 高速增长阶段（2014年第一季度至2016年第二季度）

高速增长阶段是2014年第一季度至2016年第二季度，这一阶段中国经济金融化指数从0.365迅速增至2.669。

2014年以来，中国经济在经历了经济危机、经济调整后进入新常态，经济增长结构发生变化，中国金融体系也开始了全面深化改革。在此阶段，服务业增加值占比明显上升，利率、汇率市场化改革深入推进，货币政策调控更具针对性和灵活性，金融市场价格浮动空间进一步扩大。同时，互联网金融创新迅猛发展，金融普惠性大幅提高，债券市场、期货及衍生品市场发展迅速，金融对外开放程度扩大，市场层次日益丰富。虽然2015年A股市场发生动荡，但在金融监管部门展开一系列救市措施后，A股逐渐回归平稳，同时加强了金融监管和对系统性金融风险的防范，建立了宏观审慎评估体系，设立了国务院金融稳定发展委员会①，进一步明确了金融要切实服务于实体经济、对金融风险进行精准防控、持续进行金融改革工作的金融发展理念。因此，这一阶段的经济金融化指数呈现高速增长的趋势。

4. 大落大起阶段（2016年第三季度至2019年第四季度）

大落大起阶段是2016年第三季度至2019年第四季度，这一阶段中国经济金融化指数经历了下降和回升，波动较为剧烈。

2016年是中国推进供给侧结构性改革的攻坚之年，金融改革开放全面深化，国家适时推出了一系列简政放权和降税计划，企业减少了一定负担，同时企业的杠杆水平得到控制，在一定程度上造成经济金融化指数出现下

---

① 2017年7月，全国金融工作会议宣布设立国务院金融稳定发展委员会，旨在加强金融监管协调，补齐监管短板。2003年9月24日，中共中央办公厅、国务院办公厅调整中国人民银行职责机构编制，不再保留国务院金融稳定发展委员会及其办公室，将其职责划入中央金融委员会办公室。

滑。2018 年以来，中美经济贸易摩擦①给经济运行带来了新的下行压力，但政府通过督促金融机构加大对实体经济的支持力度，实施稳健的货币政策，保证流动性货币量和货币信贷规模处于适宜区间，营造了适宜的货币金融环境。中共十九大报告明确提到，中国经济已步入新时代，中国的经济增长已经告别高速增长阶段，进入高质量发展阶段，金融业对外开放步伐加快。此外，2018 年四次定向降准，货币政策支持加大，积极发挥债券市场作用，民营和小微企业的融资难、融资贵问题得到缓解，也是中国经济金融化指数出现回升的重要原因。因此，这一阶段是中国经济金融化的大落大起阶段。

（二）中国经济金融化的演化特征

1. 总体特征

经济金融化是伴随市场经济发展和金融体系发展的客观趋势，经济金融化现象将作为一种长期趋势持续存在。通过从宏观视角对中国经济金融化的测度可以发现，2002 年第一季度至 2019 年第四季度，中国经济金融化进程整体呈上升趋势的同时呈现一定的波动性，经历了快速发展、短暂回落、高速增长和大落大起四个阶段。

由此可以看出，中国经济金融化特征已明显存在，且总体发展呈波动上升趋势。基于中国金融市场不断完善和宏观调控政策正确引导的现实背景，当前中国经济金融化水平有着大幅上升，虽然其间受到了全球金融危机等外部影响，但得益于中国政府及时实施的一系列调控措施，中国经济金融化水平在经历短暂回落阶段后又迎来高速增长阶段。这是机遇也是挑战：一方面，世界经济大环境倒逼中国金融市场不断开放、金融体系不断完善，中国金融业发展逐渐迈入成熟阶段，与此同时，国家和个人对金融

---

① 2018 年，美国采取单边主义措施，挑起贸易战，对中国输美产品加征关税，中国政府为维护正当权益，及时采取了相应的反制措施。

活动的参与度也随之增加，经济金融化的特性日趋明显，并将长期存在。合理利用经济金融化，使其对经济增长发挥最大的促进效应，是中国经济金融发展路径中所面临的机遇。另一方面，面对经济金融化进程的推进，将经济金融化控制在最优阈值范围内，既需要正视经济金融化水平过低而导致经济增长动力不足，造成经济增长速度下滑的问题，也要规避由于经济金融化过度发展而导致的金融风险上升、经济泡沫过多等一系列问题，这是中国经济金融发展进程中所面临的挑战。

2. 分指标特征

通过对中国经济金融化指数的合成可以得知，金融业增加值占比、金融资产占比、利润占比、金融业就业人数占比在综合评价线性模型中的系数分别为 0.569、0.542、0.499、0.365，对系数进行归一化处理，得到各指标所占权重，分别为 0.288、0.274、0.253、0.185，即金融业增加值占比和金融资产占比的权重占了一半以上，金融资产的规模对中国经济金融化的影响最大。

（1）中国金融资产结构对宏观经济运行影响较大。虽然中国金融资产占比一直处于较稳定的水平，但金融部门资产结构发生了较大的结构变化（见表 2-8），很大程度上影响了金融资源是否可以获得有效配置。

表 2-8　2002—2019 年中国金融部门各类金融资产占比　　　　单位：%

年份	贷款	债券	股票与股权	其他
2002	48.723	10.664	3.837	36.776
2003	49.113	11.555	3.528	35.804
2004	47.588	12.422	3.145	36.845
2005	43.788	15.900	2.878	37.434
2006	42.726	18.033	2.667	36.574
2007	39.816	18.396	2.306	39.482
2008	39.224	17.365	2.121	41.290
2009	41.823	17.431	1.873	38.873
2010	42.428	15.790	1.754	40.028

续表

年份	贷款	债券	股票与股权	其他
2011	40.453	13.931	4.950	40.666
2012	40.389	13.295	6.092	40.224
2013	40.518	12.707	6.745	40.030
2014	39.442	12.615	7.395	40.548
2015	37.923	13.562	9.604	38.911
2016	36.694	15.222	9.393	38.691
2017	37.725	15.969	8.840	37.466
2018	40.042	17.599	7.866	34.493
2019	41.349	18.772	7.559	32.320

资料来源：《中国国家资产负债表2020》。

第一，中国金融部门的贷款规模占金融部门总资产的比重从2002年的48.723%下降至2016年的36.694%，2017年之后又有所上升。贷款作为间接融资的典型代表，中国金融部门中贷款规模的下降体现了债务融资方式逐渐丰富，中国的金融结构从间接融资逐渐向直接融资过渡。虽然2017年后贷款占比上升，但其主要原因可能是中国金融"去杠杆"政策的实行和大量影子银行资产大幅下降，导致债务回流到表内。

第二，中国金融部门的债券规模占金融部门总资产的比重从2002年的10.664%先后经历了上升至2007年的18.396%，随后下降至2014年的12.615%，2019年底回升至18.772%，债券已成为实体经济的重要融资手段，是中国间接融资向直接融资转型的体现。但是，中国金融部门持有的债券规模远小于贷款规模，说明中国实体经济资金来源仍以贷款为主。

第三，中国金融部门中股票与股权的规模占比快速从2010年的1.754%增长至2019年的7.559%，逐渐成为中国金融部门资产配置的重要组成部分。

（2）中国金融业发展相比工业更加强劲。改革开放以来，中国金融业增加值占GDP的比重从1978年的2.081%提高到2020年的8.275%，增长了近3倍。其中，2005年后，金融业增加值占比加速上升，与之相反的是，工业增加值占比却开始逐年大幅下降，相较于1978年，2020年工业增加值占比下降了近 10%。这表明，在中国实体经济陷入低迷衰退的背景下，金融活动仍然保持较高的活跃度，宏观经济呈现明显的经济金融化特征（见图 2-6）。

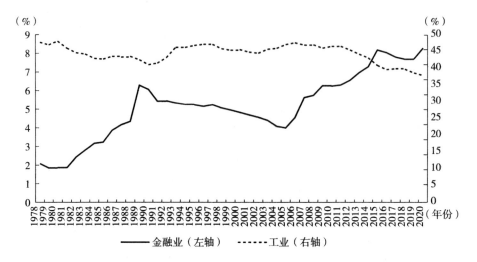

图 2-6　中国金融业、工业增加值占 GDP 的比重（1978—2020 年）

注：金融业及工业增加值占 GDP 的比重以现价计算。

资料来源：金融业增加值占比数据来自 Wind 资讯；工业增加值占比数据来自世界银行（具体网址：https：//data. worldbank. org. cn/indicator/NV. IND. TOTL. ZS？view=chart）。

（3）中国非金融企业的金融利润占比波动更大。导致这种问题发生的原因包括：一是指标的计算，在计算中国非金融企业的金融利润和营业利润时，为了计算的方便性，对面板数据按年份进行简单加总，忽略了样本数据内各公司样本期间不同的问题；二是证券市场受宏观政策和经济环境的影响较大，自身的波动性较大。

（4）中国泛金融业的就业吸引力处于较强水平。通过分析中国各行业的就业人数增长率，将第一产业与第二产业进行对比发现，金融业和房地产业的就业增长率基本保持在正向增长水平，而制造业和农林牧渔业的就业增长率反而经常出现负向增长[①]，说明金融业的就业人数一直处于增长状

---

① 此处所提到的增长率为当年与上年相比的增长率，中国各行业就业人数为城镇非私营单位就业人数统计。

态，第一产业和第二产业的就业人数相对减少，2011 年后农林牧渔业和
2014 年后制造业的就业人数一直处于负增长趋势，虽然科技的发展促使
机械化生产取代了一部分的人工，但向金融业的人员流失也不容忽略（见
图 2-7）。

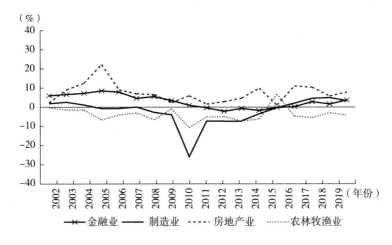

图 2-7 中国各行业就业人数增长率（2002—2019 年）

资料来源：Wind 资讯。

（三）中国经济金融化的国际比较

中国经济金融化进程呈波动上升趋势，将衡量中国经济金融化的分指
标与其他发达国家进行比较，以确定中国经济金融化程度究竟是较高还是
较低。

表 2-9 说明了中、美、日、英四国的金融资产占比，可以看出，2002—
2019 年，中国金融资产占比平均值为 59.846%，相比美国的平均水平
71.233% 低了 11.387%，比日本低 7.431%，比英国低 16.173%，远低于发
达国家金融资产占比水平。其中，2013—2016 年中国金融资产占比的提升
速度远高于美国和英国，且这一阶段中国经济金融化进程正处于全球金融
危机后的恢复和提升阶段。

表 2-9　2002—2019 年中、美、日、英四国金融资产占比

单位：%

年份	中国	美国	日本	英国
2002	56.448	67.676	64.272	70.409
2003	56.292	68.622	65.278	70.405
2004	56.978	68.189	65.843	71.905
2005	56.787	67.639	67.069	73.514
2006	57.592	68.420	66.613	73.493
2007	60.939	69.633	65.335	74.795
2008	59.912	69.249	63.783	81.521
2009	61.652	71.953	64.760	78.783
2010	60.921	72.521	65.306	79.308
2011	58.866	72.694	65.632	80.457
2012	59.990	73.184	66.750	80.099
2013	59.554	73.528	68.384	78.344
2014	61.462	73.665	69.277	77.813
2015	62.985	72.952	69.892	75.617
2016	63.490	72.927	70.374	76.743
2017	62.740	73.361	71.085	75.577
2018	60.607	72.450	70.542	74.652
2019	60.020	73.535	70.791	74.913

资料来源：《中国国家资产负债表 2020》、Wind 资讯。

表 2-10 对比了中国和美国、日本、英国个别年份的金融业、工业增加值占比水平。受全球金融危机的影响，发达国家金融业遭受较大打击，2007年后金融业增加值占比都有不同幅度的下降，但中国金融业增加值占比依然坚挺，并未出现明显减少，甚至与美国金融业增加值占比的差距逐渐减小。这得益于中国政府应对危机的宏观调控政策，始终坚持发展实体经济的政策结果导向，也因为中国经济金融化进程刚进入第二阶段，经济金融化水平相较于发达国家仍处于较低水平。同时，不难看出，中国工业增加值占比远高于美国、日本和英国，但是 2017 年后，中国工业增加值占比开始下降，可能存在的原因之一是中国供给侧结构性改革的实行，二是中美贸易

争端引起的出口型制造企业产值的下降。值得注意的是，中国金融业增加值占比自 2008 年后已高于日本，并在 2015—2017 年均高于其他国家，2017 年后虽有所下降，但 2020 年达到 8.275%，再次超过美国的金融业增加值占比 8.200%。这说明目前中国的经济金融化水平相比过去已有了明显提升。

表 2-10　中、美、日、英四国金融业、工业增加值占 GDP 的比重

单位：%

年份	金融业增加值占比				工业增加值占比			
	中国	美国	日本	英国	中国	美国	日本	英国
1978	2.081	4.900	5.036	—	47.710	34.052	38.199	—
1992	5.450	6.500	6.279	5.425	43.115	25.839	35.867	26.720
2002	4.564	7.500	5.976	5.157	44.451	20.641	30.540	21.706
2005	3.996	7.500	6.076	7.259	47.023	21.223	30.199	20.307
2007	5.628	7.100	5.822	8.331	46.884	21.446	29.882	19.758
2008	5.747	5.900	4.956	7.511	46.971	20.861	29.005	20.030
2009	6.266	6.700	5.013	8.444	45.957	19.324	27.272	18.915
2011	6.301	6.600	4.689	7.998	46.529	19.417	26.882	18.716
2015	8.173	7.500	4.275	6.829	40.841	18.545	29.020	18.420
2016	8.034	7.800	4.090	7.106	39.581	17.965	28.975	17.852
2017	7.793	7.700	4.038	6.855	39.852	18.251	29.163	18.167
2018	7.681	7.900	4.091	6.767	39.687	18.528	29.072	18.125
2019	7.700	7.800	4.060	6.357	38.587	18.156	—	17.832
2020	8.275	8.200	—	—	37.821	—	—	16.916

注：金融业及工业增加值占 GDP 的比重以现价计算。

资料来源：金融业增加值占比数据来自 Wind 资讯；工业增加值占比数据来自世界银行（具体网址：https://data.worldbank.org.cn/indicator/NV.IND.TOTL.ZS? view=chart）。

表 2-11 对比了 2002—2020 年中、美两国金融业利润占比的水平。由于数据的可得性，美国金融企业的盈利能力用美国金融行业的企业利润占境内所有行业企业利润的比重来表示。与此相对应，中国金融企业的盈利能力用中国 A 股市场中金融公司的净利润总额占比全部 A 股净利润总额的比值来表示。美国金融业利润占比在 2008 年暴跌至 9.913%，虽然之后有所回升，但远低于 2002 年的 41.414%。纵观中国 A 股市场，除了来源于金融渠

道的利润不断增多，金融业各股净利润总额占全部 A 股净利润总额的比重也不断增多，总体趋势呈波动上升状态。2002 年中国 A 股中金融业的净利润仅为 19.15 亿元，至 2020 年底，金融业净利润总额已增长了 100 多倍，同时，自 2011 年以来，金融业净利润占比一直保持 47%以上，十年来平均净利润占比 51.448%，超半数以上。

表 2-11　2002—2020 年中国、美国金融业利润占比

单位：10 亿元或美元，%

年份	中国 A 股市场			美国境内行业		
	金融业净利润	净利润	金融业净利润占比	境内行业企业利润	金融行业企业利润	金融业利润占比
2002	1.915	15.928	12.024	640.600	265.300	41.414
2003	7.418	29.034	25.551	796.700	302.800	38.007
2004	12.914	45.128	28.616	1022.400	346.000	33.842
2005	16.075	52.842	30.422	1403.400	409.500	29.179
2006	23.005	71.797	32.041	1572.500	413.100	26.270
2007	50.008	121.265	41.239	1370.500	300.200	21.904
2008	50.293	105.001	47.897	954.300	94.600	9.913
2009	66.393	136.679	48.576	1121.300	362.700	32.346
2010	85.375	191.416	44.602	1400.600	405.800	28.973
2011	105.055	223.242	47.059	1337.700	378.400	28.287
2012	120.578	229.641	52.507	1739.300	482.400	27.735
2013	139.272	264.395	52.676	1767.100	430.700	24.373
2014	157.007	285.269	55.038	1861.700	483.100	25.949
2015	177.992	299.362	59.457	1789.400	447.200	24.992
2016	171.460	325.629	52.655	1704.400	455.800	26.743
2017	183.612	391.227	46.932	1633.300	435.600	26.670
2018	186.635	393.641	47.412	1619.500	418.200	25.823
2019	215.405	422.287	51.009	1726.500	470.500	27.252
2020	214.911	432.163	49.729	1706.900	475.300	27.846

注：表中中国 A 股市场净利润为各股合并报表的加总计算所得，金融业的分类依据参考证监会行业分类标准；美国境内行业的企业利润为经存货计价调整后的企业利润。数据为本币现价单位。

资料来源：Wind 资讯。

　　这不仅说明中国金融企业的盈利能力日益增强，甚至在经济发展中越发起到主导作用，也反映出中国经济金融化程度的加深，说明中国经济活动的重心开始逐渐从生产部门向金融部门转移，金融渠道成为企业扩张和盈利的重要途径。

　　将中国从事金融业人数占比与美国、日本、英国进行比较，如图2-8所示，中国金融业就业人数占比有显著提升，而其他国家金融业就业人数占比偏向稳定，美国从事金融业的人数占比平均在5.6%，日本为2.5%，英国为4.1%。中国从事金融业的人数占比与美国的差距逐渐缩小，且近年来一度超过英国，这说明在劳动力资源的分配上，中国的经济金融化特征越发明显，尤其是2015年后的金融业人数占比增加显著，与中国经济金融化进程的提升阶段相符合。

　　由此可见，虽然中国仍处于发展中国家队列，但中国经济已经呈现明显的金融化特征，经济金融化水平即便没有全面高于美国、日本、英国这些发达国家，但也呈现出赶超趋势，各方面表现强劲。

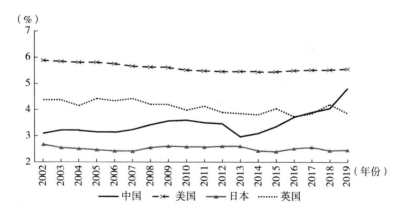

图2-8　中、美、日、英四国从事金融业人数占比（2002—2019年）

资料来源：Wind资讯。

　　综上所述，本章内容基于经济金融化的界定，对中国经济金融化进程进行量化，选取了2002—2019年金融资产占比、金融业增加值占比、金融利润占比和金融业就业人数占比四个宏观经济金融化的基础指标，通过主成分分析法，构建了中国经济金融化指数，并对其演化阶段和特征进行阐述。研究发现：

第一，中国经济金融化将作为一种长期特征持续存在于经济发展进程中。通过从宏观视角对中国经济金融化的测度可以发现，2002 年第一季度至 2019 年第四季度，中国经济金融化进程整体呈上升趋势的同时呈现一定的波动性，经历了 2002 年第一季度至 2009 年第二季度的快速发展阶段、2009 年第三季度至 2013 年第四季度的短暂回落阶段、2014 年第一季度至 2016 年第二季度的高速增长阶段和 2016 年第三季度至 2019 年第四季度的大落大起阶段。

第二，中国经济金融化的特征表现在四个方面：一是金融资产规模不断扩大，金融业对 GDP 的拉动力持续增强，其中从直接融资占比逐年上升的趋势可以看出，中国的金融结构从间接融资逐渐向直接融资过渡；二是利润来源的依赖途径逐渐倾向于金融活动，但由于证券市场受宏观政策和经济环境的影响较大，金融途径所获利润占比具有较强的波动性；三是从事金融行业的人员数逐年上涨，金融业的就业吸引力持续增大；四是相较于美国、日本、英国等发达国家，中国经济金融化各方面表现强劲，呈现出赶超趋势。

中国一直强调金融要服务于实体经济，但如此程度的经济金融化究竟对中国实体经济增长带来的利弊值得深究。本章对中国经济金融化的测度结果为后文实证研究提供了基础。

第三章

中国经济金融化的实体经济增长效应

　　影响经济增长的因素有很多，随着金融在经济社会生活中的全面渗透和发展，金融作为实体经济的血脉，经济金融化对经济增长的影响成为探讨热点。本章主要从宏观层面研究中国经济金融化对实体经济增长的影响方向和程度。

一、宏观经济金融化增长效应机理分析与研究假设

（一）作用机理分析

　　通过对经济金融化的溯源可知，经济金融化是自由资本主义发展到垄断资本主义阶段的产物，是金融资本适应生产社会化以及新自由主义、全球化等经济发展新条件而出现的，是把金融作为一种重要的经济资源来推动经济发展的过程与趋势。但在经济发展的进程中，经济金融化在资本积累、资源配置等方面对经济增长的影响机制存在差异性。那么，经济金融化处于何种水平，可以最大限度地促进实体经济增长？

　　为便于理论分析，参考王广谦（2004）的设定，假设经济是封闭的，仅包括金融部门和实体部门，规模报酬和经济结构不变，假定技术进步是中性的且对经济增长不存在影响，资源可以在金融部门和实体部门之间自

由转移，同时，对资本来说，其余要素的配置一直呈现最优状态，那么，在对资源加以约束和限定的背景下，社会总资本配给到金融部门和与之相对应的实体部门之间的不同比例决定了不同程度的实体产出，则其生产函数可表现为：

$$Y = F(K_1, K_2) \tag{3-1}$$

且，

$$K_1 + K_2 = K \tag{3-2}$$

其中，Y 为产出量；K_1、K_2 分别代表实体和金融的资本存量；K 为两者之和，代表总资本。

控制规模报酬，使其保持不变，那么，产出函数为一次齐次函数，若资本不存在差异性，产出函数如式（3-3）所示：

$$y = \frac{Y}{K_1} = f\left(\frac{K_2}{K_1}\right) = f(k)$$

$$Y = K_1 f(k) \tag{3-3}$$

其中，y 为社会总产出与实体经济资本存量的比值，表示一单位实体资本存量所能达到的产出；$k = \dfrac{K_2}{K_1}$ 为金融、实体资本存量的比值，可以表示经济金融化水平。

对式（3-3）进行求偏导，即可得到实体、金融资本的边际效应，假定资本的边际效应递减，则实际产出函数具有如下四个特征：

（1）当 $f'(k) > 0$ 时，表明实际产出是金融资本存量的增函数；

（2）当 $f''(k) < 0$ 时，表明金融资本存量边际产出递减；

（3）当 $f'(0) = \infty$ 时，表明金融资本存量的边际产出很大，即此时金融资本存量相较于实体资本存量来说，比例较小；

（4）当 $f'(\infty) = 0$ 时，表明金融资本存量的边际产出很小，即此时金融资本存量相较于实体资本存量来说，比例较大。

此生产函数适配于索罗新古典经济增长理论模型，对于符合以上假设条件的产出函数：

$$k' = \frac{K_2'}{K_2} - \frac{K_1'}{K_1} \tag{3-4}$$

$$\frac{Y'}{y}-n=\delta(k)\left(\frac{K_2'}{K_2}-n\right) \quad\quad (3-5)$$

$$k'=k\left(\frac{bY}{K_2}-n\right)=b\left(\frac{Y}{K_2}\right)\left(\frac{K_2}{K_1}\right)-nk=bf(k)-nk \quad\quad (3-6)$$

其中，$\delta(k)=kf'(k)/f(k)$ 是金融资本存量的产出弹性，$\frac{K_1'}{K_1}=n$ 是实体资本存量增长率，b 为金融资本增量占实际产出的比例，即 $K_2'=bY$。

式（3-5）表明，如果金融、实体资本存量都保持同样的增长速度，那么产出也会与之保持一致。

式（3-6）表明，假定 n、b 二者未发生变化，那么金融和实体的资本存量之间存在稳定比例 k^*，也就是说，此时经济会保持平稳增长。即当 $k<k^*$ 时，代表当前经济金融化程度过低，实体经济发展需要的资金规模不能被金融部门所实现，经济金融化对经济增长具有抑制作用，会减缓经济增长的速度，甚至导致经济出现负增长，但此时的 $k'>0$，k 将自行上升；当 $k>k^*$ 时，代表当前经济金融化程度过高，金融资本过度积累，容易引发经济泡沫或金融危机，这时，$k'<0$，k 将下降；k 值虽然一直处于变动状态，但最终将稳定在最优比例 k^*（此时，$k'=0$ 时）。由式（3-4）和式（3-5）可以看出，当 $k'=0$ 或 k 达到最优比例 k^* 时，经济金融化程度处于最合适的水平，经济得以实现均衡增长，此时金融、实体资本存量和实际产出将增长速度相同。最优水平的经济金融化取决于 n 和 b 的大小，说明实体资本存量的增长率和金融资本存量的增量占实际产出的比值都可以决定经济金融化水平的变动。因此，最优的经济金融化是动态演变的。

进一步分析稳定均衡的经济增长，由于假设预算约束保持一定，经济增长的最优状态呈现出稳定且均衡的增长特征，非最优比例的金融、实体资本存量，都会对经济增长造成负向影响，相较于稳定增长状态的最优产出，产出量较小。通过分析发现，经济金融化不足（过低的金融资本存量占比）和经济金融化过度（资本过量投入金融业）都会对经济增长产生负效应。只有当经济金融化处于适度比例时，才能与实体经济的发展规模和速度相匹配，从而促使经济增长呈现出稳定均衡增长状态。

（二）研究假设

聚焦中国，中国经济已由高速增长阶段转向高质量发展阶段①。1978 年以来，中国经济实现高速增长态势的主要动力是缘于需求扩张，依靠投资、出口拉动的增长模式实现了国民生产总值的快速增长。但是这种高速增长模式催生了不可忽视的宏观经济成本，比如低效率的投资、对环境保护不到位、收入差距拉大等问题逐渐凸显。近年来，中国政府逐步推进经济转型，通过供给侧结构性改革，探索更加绿色、包容的经济动力，从依靠信贷的经济动力转向依靠消费和服务的新动力（周小亮，2019），受如外部需求下降的各种周期性因素以及投资回报率下降的结构性因素的影响，经济增长速度出现一定程度的下滑。

图 3-1 说明，中国国内生产总值一直以来都保持着增长趋势，反观经济增长率，自 2007 年以来，中国 GDP 增长速度逐年下滑，2019 年的增速仅为 6.11%，相比 2007 年下降了 8.14 个百分点。2019 年底，新冠疫情的突然暴发在一定程度上损害了经济产出，2020 年中国 GDP 实际同比增长率跌至 2.27%，同年全球及美国 GDP 增速皆为负值，分别是-3.27%和-3.51%，中国仍处于高于全球 GDP 的增速水平。这不仅得益于中国政府面对突发事件的有效处理，也得益于中国经济的高质量发展成效。

从宏观视角研究中国经济金融化对实体经济增长的影响时，不仅要考虑供给因素，也要将需求因素考虑在内。

图 3-2 说明，尽管中国经济的增长速度出现持续性下滑，但中国对经济结构的调整并未中断。中国加入世界贸易组织后，进出口贸易扩张等对工业品的需求增多，第二产业在 2001—2007 年表现突出，对 GDP 增长的拉

---

① 2017 年 10 月 18 日，习近平总书记在中国共产党第十九次全国代表大会上的报告：中国经济已由高速增长阶段转向高质量发展阶段，正处在转变发展方式、优化经济结构、转换增长动力的攻关期，建设现代化经济体系是跨越关口的迫切要求和中国发展的战略目标。2020 年 7 月 30 日，中共中央政治局会议指出，中国已进入高质量发展阶段。2020 年 10 月 29 日，中国共产党第十九届中央委员会第五次全体会议指出，中国经济已由高速增长阶段转向高质量发展阶段。

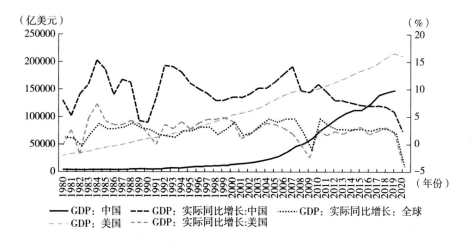

图 3-1 GDP 及其实际同比增长率：中国、美国、世界（1980—2020 年）

资料来源：Wind 资讯。

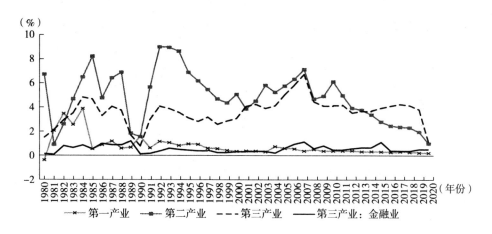

图 3-2 中国三大产业对 GDP 增长的拉动（1980—2020 年）

注：在计算各产业对 GDP 增长的拉动时，运用不变价格将 GDP 增长速度乘以各产业贡献率。

资料来源：Wind 资讯。

动力快速增强。2014 年，第三产业对 GDP 增长的拉动力首次超过第二产业，中国由工业主导的经济发展模式逐渐向以第三产业为主导力量的模式倾斜。各国经验事实说明，当该国经济的收入水平由中低偏移至中上时，往往伴随第三产业的蓬勃发展，那么，该国的工业化水平和城市化程度往往已相对成熟。目前，中国经济的收入水平正处于由中低偏移至中上的过程，可以明显发现，中国第三产业的产出占比呈持续增长状态，对 GDP 的拉动作用增强，说明中国已进入转型升级的关键时期，经济增长的驱动力和经济结构也在经历更新，"服务化"和"金融化"特征明显且无法避免，经济增长的主导力量发生偏移，由原先的工业逐步转向如今的第三产业。

图 3-3 说明，从需求角度出发，相较于投资及出口来说，消费对 GDP 增长的拉动力在中国经济增长的"三驾马车"[①] 中一直保持稳定波动。2007 年以来，在美、英、日等发达国家需求侧发展乏力、中国制造业借力科技创新迅速完成技术升级、人民币升值等多种因素作用的背景下，中国服务贸易逆差扩大[②]，出口对中国 GDP 增长的拉动作用开始减弱。2009 年，由于国际经济危机的波及，出口的拉动力骤跌至 -4.03%，投资的拉动力也大幅降低，但反观消费，其拉动力呈微弱上升态势。2014 年以来，消费对中国经济增长的拉动作用持续加强，表明中国经济增长开始转向内需驱动，虽然受新冠疫情的影响，2020 年中国消费的拉动作用降低，但随着疫情防控工作的推进和生产需求的持续恢复，在对经济增长的贡献方面，最终消费支出于 2021 年第一季度达到了 63.4%[③]，经济增长的动力慢慢恢复为内需增长拉动。

进入经济新常态以来，中国经济增速接连下降，其基本原因可归结于供给结构问题与需求结构问题之间的矛盾。结合作用机理和对中国经济增长现状的分析，针对中国经济金融化对实体经济的增长效应提出以下假设：

---

① 从支出角度看，GDP 是最终需求——投资、消费、净出口这三种需求之和，因此经济学上常把投资、消费、出口比喻为拉动 GDP 增长的"三驾马车"。

② 国际货币基金组织在《2019 外部风险报告》中提到："中国经常账户顺差占国内生产总值（GDP）比重已从 2007 年的约 10% 大幅降至 2018 年的 0.4%，中国外部头寸已基本符合中期经济基本面，表明中国经济增长不再依赖出口拉动，而转向内需驱动。"具体来源参考：http://www.gov.cn/guowuyuan/2019-07/18/content_5410947.htm。

③ 数据来源国家统计局新闻发言人就 2021 年 5 月国民经济运行情况答记者问。具体来源参考：http://www.stats.gov.cn/tjsj/sjjd/202106/t20210616_1818488.html。

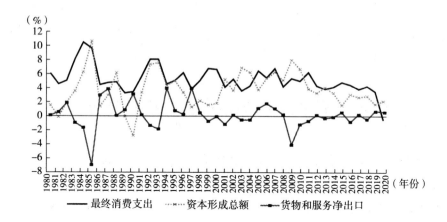

图 3-3 中国三大需求对 GDP 增长的拉动（1980—2020 年）

注：在计算各需求对 GDP 增长的拉动时，运用不变价格将 GDP 增长速度乘以各需求贡献率。

资料来源：Wind 资讯。

假设 1：中国经济金融化程度仍存在不足。

假设 2：中国经济金融化程度已存在过度。

假设 3：不同程度的中国经济金融化对实体经济增长的影响不同。

假设 4：不同时段下中国经济金融化对实体经济增长的影响不同。

由于金融可以传递信号，在一定程度上使资源配置效率得以提升，资本的积累速度加快，这是经济金融化呈现实体经济增长效应的其中一个原因。但只有当经济金融化发展到一定程度时，更完善的金融市场和金融制度得以形成，才可以有效促进稳定预期的实现、交易成本的降低和信息不对称问题的减弱，从而使资源获得高效配置，实体经济增长得以促进。因此，经济金融化的实体经济增长效应存在门限效应，可以运用门限回归方法验证假设 1、假设 2、假设 3。此外，随着经济金融化的进程，金融与经济的融合度越来越高，受不同经济金融环境和特定阶段特征的影响，金融对经济增长的冲击效应也各不相同。通过 TVP-VAR 模型法可以探究经济金融化与实体经济增长之间的时变特征，通过比较不同间隔或特定时点下冲击效应的不同，从而验证假设 4。

综上所述，本章基于宏观层面以经济金融化的程度为突破口，分别运用门限回归和 TVP-VAR 模型，系统分析经济金融化对实体经济增长的影响差异和时变效应，为中国金融更好地服务于实体经济提供建议与参考。

二、宏观经济金融化增长效应实证研究设计

区别于以往主要依赖于供给因素对经济增长的影响效应分析，本章借鉴田新民和武晓婷（2019）、潘海英和周敏（2019）、吴金燕和滕建洲（2019）的研究方法，基于内生经济理论，运用门限回归和 TVP-VAR 模型，构建分析框架，系统分析中国经济金融化对实体经济的增长效应。

（一）变量选择及数据来源

在变量选择方面，影响经济增长的因素主要从需求侧和供给侧两个方面进行考察，如图 3-4 所示。

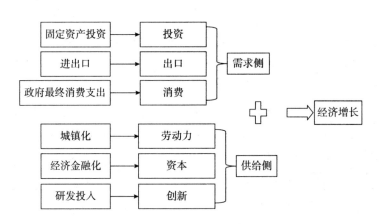

图 3-4 中国实体经济增长分析框架

被解释变量为实体经济增长，利用剔除金融业和房地产业的实体经济 GDP 同比增长率作为实体经济增长的代理变量。选取该指标的原因是，实体经济 GDP 的同比增长率是描述实体经济产出总量增长变化的直接体现。

在计算时，首先，利用 GDP 指数、金融业指数、房地产业指数进行平减处理，得到年度不变价 GDP；其次，利用实体经济 GDP＝GDP－（金融业+房地产），计算得出年度实体经济 GDP；最后，将年度数据转换为季度数据后，计算同比增长率。

核心解释变量为经济金融化，利用经济金融化指数的同比变化值作为经济金融化增长的代理变量。经济金融化指数在第二章中运用主成分分析法，从金融规模、利润来源和就业角度将金融业增加值占比、金融资产占比、金融利润占比和从事金融业的人数占比四个分指标合成后获得。在计算时，利用当期经济金融化指数减去上年同期经济金融化指数，计算中国经济金融化指数的季度同比变化值。

其余变量中将需求因素作为其余解释变量，将除经济金融化以外的供给因素作为控制变量：①用进出口金额的同比增长率代表中国对外贸易的总规模（出口）的变化。②用固定资产投资作为投资的代理变量，计算其同比增长率。③用政府最终消费支出代表消费，这是因为政府需要通过消费支出，即提供公共服务，与社会成员作交换，来获取收入。同时，政府消费提供的公共物品和其他具有外部效应的公共福利与服务可以鼓励和便利居民消费和私人投资（王志涛，2004）。计算其同比增长率代表投资额的变化。④城镇化率可以表示劳动要素供给水平。随着大力发展社会生产力、快速推进科学技术升级并不断改进产业的结构，原以农业为主的社会逐渐把重心转移到工业和服务业等产业，城镇化率可以体现人口结构和人口质量（中国金融 40 人论坛课题组，2013；赵永平，2017）。通过计算其同比增长率，可以看出劳动要素供给的变化。⑤用规模以上工业企业 R&D 经费表示创新因素。R&D 经费用于基础研究、应用研究和试验发展，是为了实现科技创新，创造新型、具有消费吸引力的供给，对供给短板进行补足，对消费需求产生刺激，从而使得经济增长获得可持续发展。计算 R&D 经费的同比增长率可以看出对科技等创新支持程度的变化。各变量的具体定义如表 3-1 所示。

表 3-1　中国经济金融化的实体经济增长效应中各变量定义

	变量符号	变量名称	变量说明
被解释变量	RGDP	实体经济 GDP 同比增长率	实体经济 GDP＝GDP－（金融业＋房地产）
解释变量	F1	经济金融化	金融化指数同比变化值
	IE	进出口金额同比增长率	
	INV	固定资产投资实际完成额同比增长率	
	GFCE	政府最终消费支出同比增长率	
控制变量	URBAN	城镇化水平同比增长率	城镇化水平＝城镇人口/总人口
	RD	规模以上工业企业 R&D 经费同比增长率	

受数据可得性限制，选取 2003 年第一季度至 2019 年第四季度作为样本区间。经济金融化指数已在第二章完成计算，除此以外，其余所有变量数据均来源于 Wind 资讯。

在对数据的处理方面，首先将政府支出额、规模以上工业企业 R&D 经费全部转为月度数据，以 2002 年为基期，对进出口金额、政府支出额、规模以上工业企业 R&D 经费进行 CPI 价格处理。其次，将名义值均利用 CPI（2002＝100）指数进行平减得到实际值。城镇化水平为城镇人口占总人口比率。最后，将年度数据和月度数据运用 EViews 9.0 进行频率转换为季度数据，计算同比增长率，再将所有数据保留符号进行取对数处理。

（二）实证方法

本章所涉及的方法及模型包括门限回归模型和时变参数向量自回归模型（TVP-VAR），以此考察中国经济金融化的实体经济增长效应。具体而言：

1. 门限回归模型

Tong（1978）提出了门限回归模型，这是一种结构变化模型，具有分段性特征，因此经常被用来分析变量之间的非线性关系。在这种非线性关系中，存在结构突变点，即当某一个经济参数达到目标数值水平时，则会导致另一个参数的结构突变，转向其他发展形式。其中，造成这种突变现象的临界值即门限值。

对于宏观层面的时间序列来说，若想运用门限回归模型进行非线性分析，就需要将时间序列按结构突变点进行分段线性分析。

此时，时间序列 $\{X_t, t=1, 2, 3, \cdots, T\}$ 需满足：

$$X_t = \varphi_{j0} + \varphi_{j1}X_{t-1} + \varphi_{j2}X_{t-2} + \cdots + \varphi_{jp}X_{t-p} + e_{jt}, \quad \gamma_{j-1} < X_{t-d} \leq \gamma_j \tag{3-7}$$

其中，X_{t-d} 是门限变量，d 为延迟量，$\{\gamma_j, j=1, 2, 3, \cdots, k\}$ 为门限值，k 为阈值区间数。

那么，以滞后一期的解释变量作为门限变量，单一门限模型可以表示为：

$$y_t = \alpha + \beta_1 X_t I(X_{t-1} \leq \gamma) + \beta_2 X_t I(X_{t-1} > \gamma) + e_{it} \tag{3-8}$$

当具有两个门限值时，式（3-8）可以表示为：

$$y_t = \alpha + \beta_1 X_t I(X_{t-1} \leq \gamma_1) + \beta_2 X_t I(\gamma_1 < X_{t-1} \leq \gamma_2) + \beta_3 X_t I(X_{t-1} > \gamma_2) + e_{it}$$
$$\tag{3-9}$$

2. 时变参数向量自回归模型（TVP-VAR）

Sims（1980）通过运用向量自回归模型分析经济政策的临时性变化及其他因素是如何影响经济的，即 VAR 模型，用以研究经济发展的动态性变化。

滞后阶数为 p 的 VAR 模型的表达式为：

$$y_t = A_1 y_{t-1} + A_2 y_{t-2} + \cdots + A_p y_{t-p} + BX_t + \varepsilon_t, \quad (t=1, 2, 3, \cdots, T)$$
$$\tag{3-10}$$

其中，y_t 是 k 维内生变量向量，X_t 是 d 维外生变量向量，p 是滞后阶数，样本个数为 T。$k \times k$ 维矩阵 A_1，A_2，$\cdots$，A_p，和 $k \times d$ 维矩阵 B 是待估系数矩阵。ε_t 是 k 维误差向量，它们可以相互之间同期相关，但不与自己的滞后值和等式右边的变量相关。假设 $\sum$ 是 ε_t 的协方差矩阵，是一个 $k \times k$ 的正定矩阵，式（3-10）可以表达为：

$$\begin{bmatrix} y_{1t} \\ y_{2t} \\ \vdots \\ y_{kt} \end{bmatrix} = A_1 \begin{bmatrix} y_{1t-1} \\ y_{2t-1} \\ \vdots \\ y_{kt-1} \end{bmatrix} + A_2 \begin{bmatrix} y_{1t-2} \\ y_{2t-2} \\ \vdots \\ y_{kt-2} \end{bmatrix} + \cdots + A_p \begin{bmatrix} y_{1t-p} \\ y_{2t-p} \\ \vdots \\ y_{kt-p} \end{bmatrix} + B \begin{bmatrix} x_{1t} \\ x_{2t} \\ \vdots \\ x_{dt} \end{bmatrix} + \begin{bmatrix} \varepsilon_{1t} \\ \varepsilon_{2t} \\ \vdots \\ \varepsilon_{kt} \end{bmatrix}, \quad (t = 1, 2, 3, \cdots, T)$$

$$(3-11)$$

即含有 k 个实现序列变量的 VAR 模型由 k 个方程组成。式（3-11）可表示为：

$$\widetilde{y}_t = \widetilde{A}_1 \widetilde{y}_{t-1} + \cdots + \widetilde{A}_p \widetilde{y}_{t-p} + \widetilde{\varepsilon}_t \qquad (3-12)$$

其中，$\widetilde{y}_t$ 是 y_t 关于外生变量 X_t 回归的残差。式（3-12）即：

$$\widetilde{A}(L) \widetilde{y}_t = \widetilde{\varepsilon}_t \qquad (3-13)$$

其中，$\widetilde{A}(L) = I_k - \widetilde{A}_1 L - \widetilde{A}_2 L^2 - \cdots - \widetilde{A}_p L^p$，是滞后算子 L 的 k×k 的参数矩阵。式（3-13）即非限制性向量自回归模型。冲击向量 $\widetilde{\varepsilon}_t$ 为白噪声向量。

不含外生变量的非限制向量自回归模型为：

$$y_t = A_1 y_{t-1} + A_2 y_{t-2} + \cdots + A_p y_{t-p} + \varepsilon_t \qquad (3-14)$$

如果行列式 $\det[A(L)]$ 的根都在单位圆外，则式（3-14）满足平稳性条件，可以将其表示为无穷阶的向量动平均（VMA(∞)）形式：

$$y_t = B(L) \varepsilon_t \qquad (3-15)$$

其中，$B(L) = A(L)^{-1}$，$A(L) = A_0 + A_1 L + A_2 L^2 +, \cdots$，$A_0 = I_k$。

可以运用最小二乘法对 VAR 模型进行估计，假如对 $\sum$ 矩阵不施加限制性条件，$\sum$ 矩阵的估计量为：

$$\widehat{\sum} = \frac{1}{T} \sum \widehat{\varepsilon}_t \widehat{\varepsilon}'_t \qquad (3-16)$$

其中，$\widehat{\varepsilon}_t = y_t - \widehat{A}_1 y_{t-1} - \widehat{A}_2 y_{t-2} - \cdots - \widehat{A}_p y_{t-p}$。当 VAR 的参数估计出来之后，由于 $A(L)B(L) = I_k$，所以也可以得到相应的 VMA(∞) 模型的参数估计。

确定 VAR 模型中变量的滞后阶数 p 尤为重要，只有当滞后阶数足够大时，才能完整反映所构造模型的动态特征，但滞后阶数越大，需估计的参数也越多，模型自由度被削弱，因此对滞后阶数进行选择时，要对所有情况综合考虑。确定滞后阶数的检验方法通常有 LR 检验、AIC 信息准则和 SC 信息准则，其中 SC 信息准则又称 BIC 信息准则。

LR 检验方法是从最大的滞后数开始检验原假设：当滞后数为 j 时，系数矩阵 A_j 的元素均为 0；备择假设为：系数矩阵 A_j 的元素中至少有一个元素显著不为 0。$X^2(Wald)$ 统计量即：

$$LR - (T-m)\left\{ \ln\left| \widehat{\sum}_{j-1} \right| - \ln\left| \widehat{\sum}_j \right| \right\} \sim X^2(k^2) \tag{3-17}$$

其中，m 为可选择的其中一个方程中的参数个数：m = d+k j，d 为外生变量个数，k 为内生变量个数，$\widehat{\sum}_{j-1}$ 和 $\widehat{\sum}_j$ 分别为滞后阶数是（j-1）和 j 的 VAR 模型残差协方差矩阵的估计。从最大滞后阶数开始，比较 LR 统计量和 5% 水平下的临界值，当 $LR > X^2_{0.05}$ 时，拒绝原假设，表示增加滞后值可以显著增大极大似然的估计值，否则接受原假设。每次减少一个滞后阶数，直到拒绝原假设。

AIC 信息准则和 SC 信息准则：

$$AIC = -\frac{2l}{T} + \frac{2n}{T}$$

$$SC = -\frac{2l}{T} + \frac{n\ln T}{T} \tag{3-18}$$

式（3-18）在 VAR 模型式（3-10）中 n = k(d+p k) 为被估计的参数总数，k 为内生变量个数，T 为样本长度，d 为外生变量个数，p 为滞后阶数。通过假定服从多元正态（高斯）分布计算对数似然值 l：

$$l = -\frac{Tk}{2}(1+\ln 2\pi) - \frac{T}{2}\ln\left| \widehat{\sum} \right| \tag{3-19}$$

当利用 SC、AIC 信息准则确定 p 值时，最小值即为最优滞后阶数。

VAR 模型为非理论性模型，无须对变量作先验性约束，因此在分析 VAR 模型时，主要分析误差项对系统的动态影响，即脉冲响应函数方法。

对于多变量 VAR（p）模型来说，由式（3-14）可得：

$$y_t = (I_k - A_1 L - \cdots - A_p L^p)^{-1}\varepsilon_t$$

$$= (I_k + B_1 L + B_2 L^2 + \cdots)\varepsilon_t, \quad (t=1, 2, 3, \cdots, T) \tag{3-20}$$

由于 VAR(p) 模型的系数矩阵 A_i 和 VMA（∞）的系数矩阵 A_i 必须

满足：

$$(I_k - A_1 L - \cdots - A_p L^p)(I_k + B_1 L + B_2 L^2 + \cdots) = I_k \tag{3-21}$$

$$I_k + K_1 L + K_2 L^2 + \cdots = I_k \tag{3-22}$$

其中，$K_1 = K_2 = \cdots = 0$。关于 K_q 的条件递归定义了 MA 系数：

$B_1 = A_1$

$B_2 = A_1 B_1 + A_2$ 若 $q - p = 0$，令 $B_{q-p} = I_k$

$\vdots$ 若 $q - p < 0$，令 $B_{q-p} = 0_k$

$$B_q = A_1 B_{q-1} + A_2 B_{q-2} + \cdots + A_p B_{q-p}, \quad q = 1, 2, \cdots \tag{3-23}$$

考虑 $\text{VMA}(\infty)$ 的表达式，$y_t = (I_k + B_1 L + B_2 L^2 + \cdots)\varepsilon_t$，$y_t$ 的第 i 个变量 y_{it} 即：

$$y_{it} = \sum_{j=1}^{k}\left(b_{ij}^{(0)}\varepsilon_{jt} + b_{ij}^{(1)}\varepsilon_{jt-1} + b_{ij}^{(2)}\varepsilon_{jt-2} + b_{ij}^{(3)}\varepsilon_{jt-3} + \cdots \right),$$

$$(t = 1, 2, 3, \cdots, T) \tag{3-24}$$

其中，k 为变量个数。

由 y_j 的脉冲引起的 y_i 的响应函数：$b_{ij}^{(0)}$，$b_{ij}^{(1)}$，$b_{ij}^{(2)}$，$b_{ij}^{(3)}$，$\cdots$。

由 y_j 的脉冲引起的 y_i 的累积响应函数：$\sum_{q=0}^{\infty} b_{ij}^{(q)}$。

B_q 的第 i 行、第 j 列元素可表示为：

$$b_{ij}^{(q)} = \frac{\partial y_{t+q}}{\partial \varepsilon_{jt}}, \quad q = 0, 1, \cdots, t = 1, 2, 3, \cdots, T \tag{3-25}$$

即在 t 时期，增加第 j 个变量一个单位的扰动项，保持其他扰动不变，且当其他时期的扰动均为常数时，$y_{i,t+q}$ 对 ε_{jt} 的一个单位冲击的反应就是脉冲—响应函数。

由式（3-10）可得，VAR 模型并没有给出变量之间当期相关关系的确切形式，即在模型中不含内生变量，而这些当期相关关系隐藏在误差项的相关结构之中无法解释，所得出的结果仅具有统计意义，于是 Blanchard 和 Quah（1989）在 VAR 模型的基础上加入经济理论，得到结构化的向量自回归模型（SVAR）。但这两个模型都假定具有同方差，权重在样本期内固定不变，在研究经济发展时，无法反映出时变效应问题。

Cogley 和 Sargent（2005）提出了时变参数随机波动率向量自回归模型

（TVP-VAR），与 VAR 模型不同的是，模型没有同方差的假定，假定随机波动率，更符合实际，且时变参数更能捕捉到经济变量在不同时间背景下的关系和特征。Nakajima（2011）进一步将 TVP-VAR 模型推广到多变量情形，并给出了对参数进行估计的方法和案例。

在 VAR 模型的基础上扩展得到时变参数向量自回归模型，TVP-VAR 模型假定系数矩阵和协方差矩阵都是时变的，这有利于刻画变量之间的联立关系的非线性特征，无论是来自冲击大小的改变还是来自传导途径的改变都能得到响应。

一个典型的 TVP-VAR 模型可以表示成以下形式：

$$y_t = X_t\beta_t + A_t^{-1}\sum\nolimits_t \varepsilon_t，\ t = s+1，\cdots，n，\varepsilon_t \sim N(0，I_k) \qquad (3-26)$$

其中，y_t 是 $k \times 1$ 维可观测向量，$X_t = I_k \otimes (y_{t-1}'，\cdots，y_{t-s}')$[①]，$\beta_t$ 是 $k^2s \times 1$ 维时变系数向量。

为保证 VAR 系统可以递归识别，并减少待估参数的个数，令 A_t 为下三角矩阵，A_t 和 $\sum_t$ 分别为 $k \times k$ 维的下三角古镇和对角矩阵：

$$A_t = \begin{bmatrix} 1 & 0 & \cdots & 0 \\ \alpha_{21,t} & 1 & & \vdots \\ \vdots & & \ddots & 0 \\ \alpha_{k1,1} & \cdots & \alpha_{k,k-1,t} & 1 \end{bmatrix} \qquad (3-27)$$

$$\sum\nolimits_t = \begin{bmatrix} \sigma_{1,t} & 0 & \cdots & 0 \\ 0 & \sigma_{2,t} & & \vdots \\ \vdots & & \ddots & 0 \\ 0 & \cdots & 0 & \sigma_{k,t} \end{bmatrix} \qquad (3-28)$$

式（3-26）中，系数向量 β_t、矩阵 A_t 和协方差矩阵 $\sum_t$ 都具有时变特征。具有时变特征的矩阵 A_t 表示第 i 个变量冲击对第 j 个变量的影响是随时间变化而变化的。

令随机波动 $\qquad\qquad h_t = (h_{it}，\cdots，h_{kt})'$ $\qquad\qquad$ (3-29)

---

① ⊗表示克罗内克积。

其中，$h_{jt} = \log\sigma_{jt}^2$，$j = 1, \cdots, k$，$t = s+1, \cdots, n$。

那么，式（3-26）中时变参数的随机游走过程如下：

$$\begin{aligned}\beta_{t+1} &= \beta_1 + u_{\beta_t}, \\ \alpha_{t+1} &= \alpha_1 + u_{\alpha_t}, \\ h_{t+1} &= h_1 + u_{h_t},\end{aligned} \quad \begin{pmatrix} \varepsilon_t \\ u_{\beta_t} \\ u_{\alpha_t} \\ u_{h_t} \end{pmatrix} \sim N\left(0, \begin{pmatrix} I & 0 & 0 & 0 \\ 0 & \sum_{\beta} & 0 & 0 \\ 0 & 0 & \sum_{\alpha} & 0 \\ 0 & 0 & 0 & \sum_h \end{pmatrix} \right) \quad (3-30)$$

其中，$\beta_{s+1} \sim N\left(\mu_{\beta_0}, \sum_{\beta_0}\right)$，$\alpha_{s+1} \sim N\left(\mu_{\alpha_0}, \sum_{\alpha_0}\right)$，$h_{s+1} \sim N\left(\mu_{h_0}, \sum_{h_0}\right)$。

假设时变参数的随机冲击之间不相关，为简化模型的估计过程，设定 $\sum_{\beta}$、$\sum_{\alpha}$ 和 $\sum_h$ 都是对角矩阵。随机波动性的似然函数较难处理，因此选择 MCMC（Markov Chain Monte Carlo）方法进行估计。

令 $Y = \{Y_t\}_{t=1}^n$，$\omega = \left(\sum_{\beta}, \sum_{\alpha}, \sum_h\right)$，$\pi(\omega)$ 为 ω 的先验概率密度。在给定时间序列 Y 的基础上，利用 MCMC 方法中的 Gibbs 抽样方法从后验分布 $\pi(\beta, \alpha, h, \omega \mid Y)$ 中进行抽样，具体步骤如表 3-2 所示。

表 3-2　MCMC 算法步骤

步骤	具体操作
1	参数 β，α，h，ω 初始化
2	从 $\pi\left(\beta \mid \alpha, h, \sum_{\beta}, Y\right)$ 中抽取 β
3	从 $\pi\left(\sum_{\beta} \mid \beta\right)$ 中抽取 $\sum_{\beta}$
4	从 $\pi\left(\alpha \mid \beta, h, \sum_{\alpha}, Y\right)$ 中抽取 α
5	从 $\pi\left(\sum_{\alpha} \mid \alpha\right)$ 中抽取 $\sum_{\alpha}$
6	从 $\pi\left(h \mid \beta, \alpha, \sum_h, Y\right)$ 中抽取 h
7	从 $\pi\left(\sum_h \mid h\right)$ 中抽取 $\sum_h$
8	返回步骤 2 重新抽样，依次迭代

具体来说，模拟滤波器可以实现步骤 2、4。通过多次移动法对随机波动 h 取样可以实现步骤 6。为了使步骤 6 的取样更为容易，假定 $\sum_h$ 为对角

矩阵，得到独立的条件后验分布：$\{h_{jt}\}_{t=s+1}^{n}$，其中，$j = 1$，…，k。步骤 3、5、7 通过共轭先验下的 Wishart 或 Gamma 分布生成样本。完成步骤循环后可估计出所有参数，计算脉冲响应函数。

三、宏观经济金融化增长效应实证结果与解释

（一）变量的描述性统计

表 3-3 给出了经济金融化对实体经济增长影响中所涉及变量的描述性统计结果，包含最大值、最小值和中位数，以及均值、标准差①。其中，代表经济金融化和进出口金额的标准差较大，分别为 1.424 和 2.164，说明这两个变量在样本期内的波动程度较大。从各变量的均值和中位数来看，除了代表进出口金额的均值为 1.411%，相较于其中位数水平较低，其余变量的均值皆接近于各自中位数。

表 3-3　中国经济金融化的实体经济增长效应中变量的描述性统计

变量名称	最大值	最小值	中位数	均值	标准差
RGDP	2.605	1.771	2.176	2.175	0.230
F1	5.809	-4.510	0.281	0.320	1.424
IE	3.726	-3.200	2.514	1.411	2.164
INV	3.912	-0.122	2.987	2.600	1.019
GFCE	2.907	1.278	2.282	2.295	0.367
URBAN	1.373	0.516	0.930	0.936	0.229
RD	3.489	0.511	2.941	2.543	0.797

为了避免对非平稳数据进行回归分析所产生的伪回归问题，将样本数据进行 ADF 检验，即单位根检验，对各变量进行平稳性检验。运用 EViews 9.0 进行 ADF 检验，检验结果显示数据平稳，符合时间序列分析的基本要求（见表 3-4）。

---

① 描述性统计中，除标准差外，其余单位均为%（同表 3-7）。

表3-4　中国经济金融化的实体经济增长效应中变量的 ADF 检验结果

变量名称	检验形式	ADF 值	1%	5%	10%	结论
RGDP	(C, T, 2)	-3.809	-4.106	-3.480	-3.168	平稳
F1	(C, 0, 0)	-4.076	-3.532	-2.906	-2.590	平稳
IE	(C, 0, 1)	-3.118	-3.533	-2.906	-2.591	平稳
INV	(0, 0, 2)	-2.269	-2.601	-1.150	-1.614	平稳
GFCE	(0, 0, 9)	-1.707	-2.605	-1.947	-1.613	平稳
URBAN	(C, T, 2)	-4.570	-4.106	-3.480	-3.168	平稳
RD	(C, T, 3)	-5.372	-4.108	-3.482	-3.169	平稳

（二）门限效应分析

经济金融化对实体经济增长存在门限效应的原因在于，金融具有信号传递功能，当经济金融化达到一定程度时，可以提高资源配置的效率，加速资本积累，从而促进经济增长。假设经济是封闭的，只存在金融和实体两个经济部门，在对资源加以约束和限定的背景下，社会总资本配给到金融部门和与之相对应的实体部门之间的不同比例，决定了不同程度的实体产出。那么，经济金融化水平只有位于适度区间比例，才能实现与实体经济发展规模和速度的完美匹配，从而促使经济增长实现稳健均衡增长。

相比从单一门限值的角度出发，认为经济金融化进程达到一定程度后才会促进经济增长，或认为当经济金融化进程超出某一程度后会对经济增长的促进作用减弱甚至产生促退影响，双门限效应对于研究经济金融化的实体经济增长效应更具有合理性。

因此，选取代表经济金融化水平变化的金融化指数滞后一期的同比变动值 F1 作为门限变量，实体经济增长率作为被解释变量，其余变量分别为解释变量和控制变量 x_{it}，建立双门限回归模型[①]：

---

① 在对门限值的个数进行确定时，本章选用了双门限模型。但仍然对单门限回归进行了估计，结果显示，单门限回归模型中第二阈值未通过显著性检验，且稳健性检验也均不显著，单门限回归具体结果可见附录 B 中的表 B1、表 B2。

$$RGDP_t = \mu_i + \beta'_1 x_t I(F1_{t-1} \leqslant \gamma_1) + \beta'_2 x_t I(\gamma_1 < F1_{t-1} \leqslant \gamma_2) + \beta'_3 x_t I(F1_{t-1} > \gamma_1) + e_t$$

$$(3-31)$$

运用Stata16.0软件对式（3-31）进行估计，门限回归结果如表3-5所示。从门限回归结果来看，所有变量系数均通过了显著性检验，且分别在1%、10%、5%的水平上显著，回归结果总体较好。经济金融化对实体经济增长的门限效应存在双门限值，即 $\gamma_1 = -0.420$、$\gamma_2 = -0.378$。

表3-5　中国经济金融化实体经济增长效应的双门限回归结果

	变量名称	系数	标准误差	Z 值	P 值
	IE	0.030	0.003	8.89	0.000
	INV	0.023	0.010	2.34	0.020
	GFCE	0.159	0.018	8.93	0.000
	URBAN	0.380	0.045	8.37	0.000
	RD	0.055	0.013	4.13	0.000
Region1 ($F1_{t-1} \leqslant -0.420$)	F1	0.041	0.011	3.93	0.000
	_cons	1.292	0.040	31.97	0.000
Region2 ($-0.420 < F1_{t-1} \leqslant -0.378$)	F1	0.058	0.034	1.69	0.092
	_cons	1.211	0.041	29.63	0.000
Region3 ($F1_{t-1} > -0.378$)	F1	0.016	0.007	2.48	0.013
	_cons	1.174	0.039	30.27	0.000

当滞后一期的经济金融化指数的同比变动值作为门限变量时，对中国经济金融化的实体经济增长效应可以从 $F1(F1_{t-1} \leqslant -0.420)$、$F1(-0.420 < F1_{t-1} \leqslant -0.378)$、$F1(F1_{t-1} > -0.378)$ 三类区间进行分析。

（1）当 $F1(F1_{t-1} \leqslant -0.420)$ 时，即滞后一期的经济金融化指数同比变动值低于门限值 γ_1 时，经济金融化水平相较于上年同期是下降的。在这一阈值区间内，中国经济金融化对实体经济增长的影响系数为0.041，对实体经济增长存在促进作用。这表明，样本区间内，当中国经济金融化程度出现大于0.420的跌幅时，此时的经济金融化仍处于较合适的区间水平，具有正向增长效应，假设1和假设2不成立。

（2）当 F1（$-0.420 < F1_{t-1} \leqslant -0.378$）时，即滞后一期的经济金融化指数同比变动值位于第二阈值区间（γ_1，γ_2]时，经济金融化水平相较于上年同期仍是下降的，但是下降幅度较小。在这一阈值区间内，中国经济金融化对实体经济增长的影响系数为 0.058，对实体经济增长存在促进作用。这表明，样本区间内，当中国经济金融化程度的跌幅处于 0.378 和 0.420 之间时，此时的经济金融化仍处于较合适的区间水平，具有相较于第一阈值区间更强的正向增长效应。此时，经济金融化与其服务的实体经济匹配度较高，经济金融化可以有效推动经济的稳定增长。

（3）当 F1（$F1_{t-1} > -0.378$）时，即滞后一期的经济金融化指数同比变动值高于门限值 γ_2 时，经济金融化水平相较于上年同期下降幅度较小甚至出现增幅。在这一阈值区间内，中国经济金融化对实体经济增长的影响系数仅为 0.016，虽然仍对实体经济增长有着正向促进作用，真正相较于前两个区间，影响程度大幅降低。这表明，样本区间内，当中国经济金融化程度的跌幅较小，甚至出现增幅时，增长效应会随之下降。

综上得出，中国经济金融化对实体经济增长存在着明显的门限效应，即过度降低经济金融化水平或一味纵容经济金融化水平的提高都不如较小幅度地降低经济金融化水平更能促进实体经济增长。只有当经济金融化水平的变动值位于合理区间时，经济金融化才能最大限度地与实体经济相匹配。

其余变量中，进出口金额、固定资产投资完成额和政府最终消费支出的同比增长率均对 GDP 增长率具有明显的促进作用，符合作为拉动经济增长的三大因素；城镇化率的同比增长率的系数最高，为 0.380，说明中国城镇化的潜力巨大，在之后的经济社会运行及体制升级中可以发挥较强影响力；规模以上工业企业的 R&D 经费同比增长率对 GDP 增长率的促进作用强于进出口和固定资产投资，系数为 0.055。

对于 2002—2019 年中国的经济发展阶段而言，经济金融化水平有效推动实体经济增长，目前的经济金融化水平虽然仍处于适度范围，但只有在合适的降幅水平内，才可以达到最强的增长效应，因此中国经济金融化水平的适当下调会促进实体经济增长，中国要注意过度金融化问题的出现。

这一结论与前文所总结的作用机理分析相符合，且与既有文献存在相似结论，如田新民和武晓婷（2019）、潘海英和周敏（2019）通过门限回归得出，经济金融化对实体经济增长的影响存在门限效应，且只有在恰当的经济金融化变动区间内，经济金融化对实体经济增长的正向效应才能实现最大化。

（三）时变效应分析

在分析完中国经济金融化对实体经济增长的门限效应后，构建包含中国经济金融化变动、实体经济增长率和进出口额增长率、固定资产投资实际完成额增长率、政府最终消费支出增长率四个变量的 TVP-VAR 模型，进一步研究中国经济金融化变动对实体经济增长及拉动经济增长的"三驾马车"的影响关系和时变特征。

数据平稳是建立 TVP-VAR 模型的基础，变量不平稳可能会导致伪回归。前文已对所包含变量的数据进行了 ADF 检验，如前文表 3-4 给出的 ADF 结果所示，变量数据平稳。

根据 AIC 和 SC 准则判断，模型的最优滞后阶数为 2。通过 MCMC 模拟 10000 次，可输出各参数估计的统计量。Nakajima（2011）通过 Geweke 收敛诊断值来检测马尔科夫链的收敛性，通过无效因子来判断模拟所产生的不相关样本个数。运用 OxMetrics 6.0 得到 MCMC 模拟法的参数检验结果，如表 3-6 所示。结果说明，参数的后验均值位于 95% 置信区间内，且标准差较小。Geweke 收敛诊断结果均不能拒绝收敛于后验分布的原假设[1]。无效因子用于判断抽样的有效性，其中经济金融化指标体系的无效因子值较小，最大无效因子值为 82.240，表明 MCMC 模拟过程中获得了大约 121.60 个不相关样本[2]，满足后验统计推断的需要，模型模拟具有较高的有效性，可以保证估计的准确度。因此，MCMC 算法对 TVP-VAR 模型的估计有效。

---

① Geweke 诊断值小于 5% 显著性水平下的临界值 1.96 时，可以认为参数收敛于后验分布。

② 不相关样本数=MCMC 迭代次数/无效因子最大值。

表 3-6　中国经济金融化（F1）基于 MCMC 模拟法的参数检验结果

参数	$(s_b)_1$	$(s_b)_2$	$(s_a)_1$	$(s_a)_2$	$(s_h)_1$	$(s_h)_2$
均值	0.023	0.023	0.064	0.070	0.806	0.328
标准差	0.003	0.003	0.019	0.029	0.319	0.131
95%L	0.018	0.018	0.038	0.037	0.325	0.137
95%U	0.028	0.028	0.113	0.147	1.538	0.643
Geweke 收敛诊断值	0.116	0.486	0.971	0.871	0.681	0.928
无效因子	4.246	5.000	23.310	20.560	82.240	53.830

　　同时，从图 3-5 的参数数据模拟路径也可以看出，样本自回归系数均在 0 期从高位平稳下降并在 0 附近震荡，样本路径上下波动且极端值较少，被选参数后验分布的密度函数图形近似于正态分布。因此，本章构建的模型参数符合取值抽样的有效性要求。

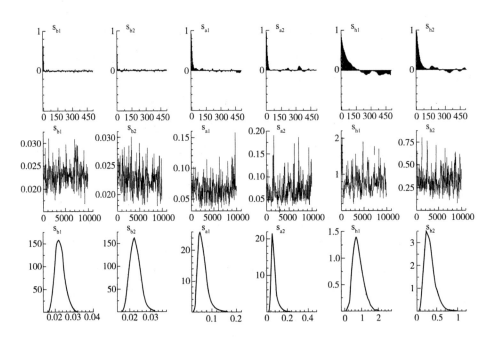

图 3-5　样本自回归系数（第一行）、样本路径（第二行）和
后验分布的密度函数（第三行）

脉冲响应函数主要描述扰动项的一单位标准差变动对系统内各变量在当期及未来各期的冲击效应。不同于传统 VAR 模型中的脉冲响应函数，TVP-VAR 模型会在每期都重新估计，使得脉冲响应函数具有时变特征，两种不同形式的脉冲响应函数分别是等间隔脉冲响应函数和时点脉冲响应函数。对于时间间隔和时点的选择可以自行设置，尤其在时点脉冲响应函数中，选择样本期内变量可能发生结构性突变的某些特定时点，比较所选时点冲击下经济变量之间影响方向的不同。因此，运用脉冲响应函数把变量按照时间和时点两个维度进行实证研究，分析中国经济金融化变动对实体经济增长和进出口额增长、固定资产投资实际完成额增长、政府最终消费支出增长的时变影响机制。

1. 等间隔脉冲响应函数

等间隔脉冲响应函数即在给定的时间间隔下，自变量每增加一单位的正向冲击，观察该编号对因变量造成的波动效应。在时间间隔的选取上，选取 1 期间隔、2 期间隔和 8 期间隔，分别代表 2003—2019 年中国经济金融化对变量的短期影响、中期影响和长期影响。

（1）经济金融化对实体经济增长的等间隔脉冲响应函数。图 3-6 说明样本期内经济金融化出现一单位标准差偏离，经历不同时期（1 期间隔、2 期间隔和 8 期间隔），对实体经济增长产生的影响。可以看出，经济金融化对实体经济增长的等间隔脉冲响应函数的三条曲线走势相似，说明冲击的反应较稳健，但三条曲线处于 0 线上下的不同位置，说明实体经济增长对经济金融化的作用机制随着时间的推移发生了结构性改变。可以看出，短期、中期、长期金融化对实体经济增长的冲击效应基本一致，并表现出明显的时变性阶段波动特征，不同的是，2007—2009 年，冲击到响应的时间间隔越短，波动越大。2005 年的响应值为正，在 2005 年第一季度达到第一个波峰，但 2006 年后响应值从 0 线急速转负，在 2008 年达到第一个波谷，中国经济金融化对实体经济增长率响应为负且达到样本期内最低。随后响应值回升，至 2009 年第二季度达到第二个波峰，但仍然为负。2011—2015 年第二季度，长期冲击效应一直处于波动的正向效应，相比之下，短期和中期冲击效应保持正向的时间较短。2016 年后，虽然中国经济金融化对实体经济增长的冲击逐渐稳步上升，但是相比长期来说，短期和中期效应更优，更快达到正效应。

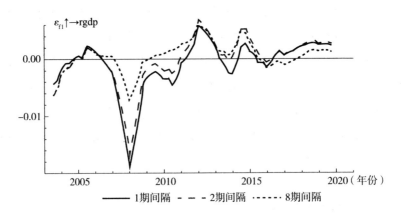

图 3-6　中国经济金融化（F1）对实体经济增长率的等间隔脉冲响应函数

（2）经济金融化对进出口额增长率的等间隔脉冲响应函数。如图 3-7 所示，经济金融化对进出口额增长率的短期效应更为强烈，除了 2007—2009 年，其余时期都为正向效应，且 2009 年后，正向效应稳步增强。2008 年短期、中期、长期影响效应皆达到样本期最低值，2016 年之后，长期影响效应保持在 0 线附近，说明经济金融化对进出口额增长率的长期传递效应较弱，具有显著的短期正向传递效应。

（3）经济金融化对固定资产投资完成额增长率的等间隔脉冲响应函数。如图 3-8 所示，经济金融化对固定资产投资完成额增长率的短期影响效应与中、长期影响效应显著不同。尤其是 2015 年之后，经济金融化对固定资产投资完成额增长率的短期影响效应呈明显正向增强趋势，而中期、长期影响效应自 2010 年以来一直为负影响，且呈波动性增强趋势。

（4）经济金融化对政府最终消费支出增长率的等间隔脉冲响应函数。图 3-9 说明经济金融化对政府最终消费支出增长率的三条脉冲响应走势，可以看出，2015 年之前，虽然短期、中期、期的冲击强度不同，但都经历了 2003—2006 年的上升和至 2011 年的下降，随后波动性回升。2015—2016

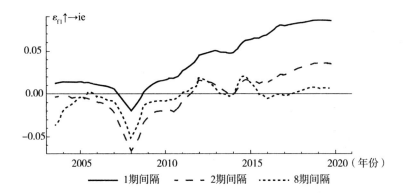

图 3-7　中国经济金融化（F1）对进出口额增长率的等间隔脉冲响应函数

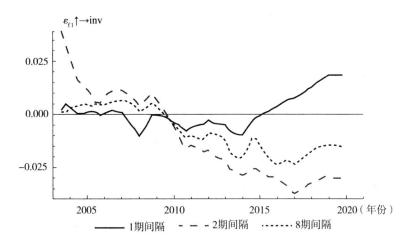

图 3-8　中国经济金融化（F1）对固定资产投资完成额增长率的
等间隔脉冲响应函数

年，短期、中期的冲击强度处于快速上升阶段，但长期的冲击影响却正好相反，大幅下降。2017 年后，短期、中期的正向效应稳定在 0.01 附近，长期的正向冲击强度虽然有所上升，但相比短期、中期仍旧很弱，逐渐保持在 0.002 附近。

综上，从等间隔脉冲响应来看，样本区间内，2008 年前后，中国经济金融化对实体经济增长的负效应强烈，导致整个样本期的平均影响为负效

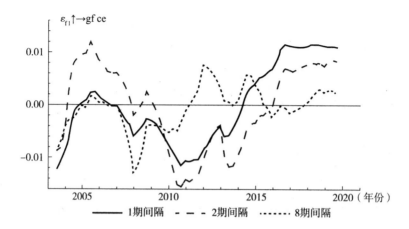

**图3-9　中国经济金融化（F1）对政府最终消费支出增长率的
等间隔脉冲响应函数**

应，但自2011年开始，短期、中期的平均影响效应逐渐稳定为正。这说明
中国经济金融化对实体经济的增长效应较明显，具有较强的持续性，值得
注意的是，在近几年中国经济金融化恢复增长的同时，其对实体经济增长
的影响并没有随之增强，反而存在弱化趋势。此外，近年来，中国经济金
融化对进出口和政府最终消费支出的增长率呈现较明显的正向冲击，但对
固定资产投资增长率的冲击在短期呈正向，中期和长期的负向效应明显强
化，说明中国经济金融化对固定资产投资的增长率具有一定的滞后性。

2. 时点脉冲响应函数

分别选取2009年第二季度、2012年第四季度和2018年第四季度三个
时点用以比较在不同时点对中国经济金融化施加一单位的变动时，对另外
的变量产生的影响。为确保结果的合理性，所选的观测时点避免了样本的
首尾时点，且涵盖了样本的前期、中期、后期。

选择这三个时点的原因如下，一是基于中国经济金融化进程的四个阶
段，2009年第二季度是中国经济金融化进程第一阶段的最高点，2012年第
四季度是中国经济金融化进程第二阶段经历了下降后又回升的峰值点，2018
年第四季度是中国经济金融化进程在第三阶段高速增长后进入第四阶段大

落大起的回升起点。二是基于典型事实，2008 年全球金融危机爆发，中国为了稳定金融市场，实行适度宽松的货币政策和积极的财政政策，使得中国经济金融化水平在 2009 年中旬得以大幅增长；2012 年中国经济进入新常态，经济金融化也随之产生新的转折点；2016 年之后，对内，中国开始推进"三去一降一补"政策，对外，中美两国贸易摩擦爆发，面对内外环境变化的双重挑战，中国为了保证金融市场的稳步发展，加强金融风险防控，深化金融改革，2018 年底中国经济金融化指数开始回升。

（1）经济金融化对实体经济增长的时点脉冲响应函数。图 3-10 显示不同时点的三条曲线走势各不相同，表明实体经济增长对中国经济金融化冲击的反应具有一定的时变性。2009 年第二季度的脉冲响应曲线在 10 期之前一直呈负效应，之后才出现微弱的正效应；2012 年第四季度和 2018 年第四季度的曲线走势体现出，在样本初期，经济金融化冲击正向影响实体经济增长率，且反应迅速，但 2018 年第四季度的曲线在 3 期之后逐渐下降，正向效应开始缓慢减弱，并在第 11 期突破 0 线继续下降。这说明 2012 年第四季度时，经济金融化发生一单位标准差偏离，对实体经济增长是具有正效应的，2018 年第四季度时，虽然也有一定的正效应，但是这种正效应不断衰减，存在变为负效应的可能性。

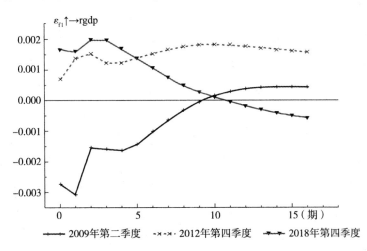

图 3-10 中国经济金融化（F1）对实体经济增长率的时点脉冲响应函数

（2）经济金融化对进出口额增长率的时点脉冲响应函数。如图 3-11 所示，三条不同时点曲线涨跌变化接近一致，表明进出口额增长率对中国经济金融化冲击的反应较为稳健。经济金融化一单位的正向冲击均会明显地提高进出口额增长率，但此影响会在短期内迅速减弱，并逐渐靠近 0 线。尤其是对于 2009 年第二季度来说，在较长的时间内会一直呈现出负效应。

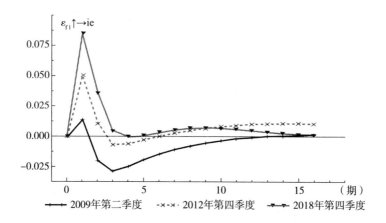

图 3-11　中国经济金融化（F1）对进出口额增长率的时点脉冲响应函数

（3）经济金融化对固定资产投资完成额增长率的时点脉冲响应函数。图 3-12 中 2009 年第四季度的曲线走势较为平稳，一直在 0 线附近，相反，2012 年第四季度和 2018 年第四季度的曲线走势都在 2 期时出现大幅下降，呈现出明显的负效应，之后负效应缓慢减弱。经济金融化对固定资产投资完成额增长率的冲击力度在 9 期之后全部位于 0 线以下，说明经济金融化长期对固定资产投资增长的负向影响较大且会持续下去。

（4）经济金融化对政府最终消费支出增长率的时点脉冲响应函数。如图 3-13 所示，2018 年第四季度的曲线波动最为剧烈，8 期之后与其他两个曲线一起趋于收敛，长期来看，冲击影响程度都是减弱的，但是 2009 年第二季度的曲线基本位于 0 线以下，呈负效应减弱趋势，而 2018 年第四季度的曲线一直位于 0 线以上，基本呈正效应波动减弱趋势。可以看出，三条曲线在 1 期的冲击影响都增强，说明此时经济金融化施加一单位标准差偏离对政府最终消费支出增长率的短期冲击影响最大，2018 年第四季度的曲线是

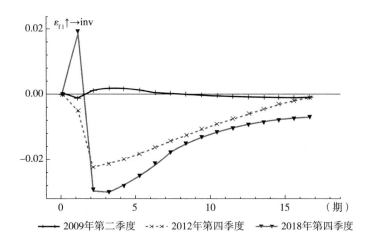

图3-12　中国经济金融化（F1）对固定资产投资完成额增长率的时点脉冲响应函数

正效应加强，其他两条曲线的负效应加强。

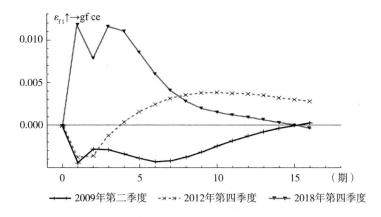

图3-13　中国经济金融化（F1）对政府最终消费支出增长率的时点脉冲响应函数

　　综上所述，从时点脉冲响应来看，样本区间内，不同时点下中国经济金融化对实体经济增长率的短期冲击影响较强烈，除2012年第四季度一直保持在正效应，其余两个时点下的冲击影响逐渐趋于收敛。说明相比之下，2012年第四季度的经济金融化对实体经济的增长效应最为明显，属于更为合适的经济金融化区间。但对于拉动经济增长的"三驾马车"来说，经济

金融化施加一个标准差的正向冲击时，时点3的短期波动强度明显高于时点
1和时点2，反映了经济金融化的冲击效应存在时变特征，且具有短期性。

基于等间隔和不同时点的脉冲响应分析显示，中国经济金融化的增长
会引发经济增长的联动效应，验证了研究假设中提出的假设4，即不同时段
下中国经济金融化对实体经济增长的影响不同。

（四）稳健性检验

为检验上述门限回归模型和 TVP-VAR 模型的稳健性，利用中国经济金
融化指数的同比增长率 F2 替换前文中经济金融化的代理变量，其余变量不
变，对数据进行描述性统计和 ADF 单位根检验。然后，重新采用门限回归
模型和 TVP-VAR 模型分析中国经济金融化的实体经济增长效应。

变量的描述性统计和 ADF 检验结果如表 3-7 和表 3-8 所示。

表 3-7　中国经济金融化（F2）的实体经济增长效应中变量的描述性统计

变量名称	均值	标准差	最小值	最大值	中位数
RGDP	2.175	0.230	1.771	2.605	2.176
F2	-0.944	4.484	-9.225	8.882	-3.131
IE	1.411	2.164	-3.200	3.726	2.514
INV	2.600	1.019	-0.122	3.912	2.987
GFCE	2.295	0.367	1.278	2.907	2.282
URBAN	0.936	0.229	0.516	1.373	0.930
RD	2.543	0.797	0.511	3.489	2.941

表 3-8　中国经济金融化（F2）的实体经济增长效应中变量的 ADF 检验结果

变量名称	检验形式	ADF 值	1%	5%	10%	结论
RGDP	(C, T, 2)	-3.809	-4.106	-3.480	-3.168	平稳
F2	(C, 0, 0)	-4.076	-3.532	-2.906	-2.590	平稳
IE	(C, 0, 1)	-3.118	-3.533	-2.906	-2.591	平稳

变量名称	检验形式	ADF 值	1%	5%	10%	结论
INV	(0, 0, 2)	-2.269	-2.601	-1.150	-1.614	平稳
GFCE	(0, 0, 9)	-1.707	-2.605	-1.947	-1.613	平稳
URBAN	(C, T, 2)	-4.570	-4.106	-3.480	-3.168	平稳
RD	(C, T, 3)	-5.372	-4.108	-3.482	-3.169	平稳

1. 门限回归模型

将滞后一期的中国经济金融化指数的同比增长率 F2 作为门限变量，得到回归结果如表 3-9 所示。

表 3-9 中国经济金融化（F2）实体经济增长效应的双门限回归结果

	变量名称	系数	标准误差	Z 值	P 值
	IE	0.028	0.003	8.86	0.000
	INV	0.035	0.010	3.32	0.001
	GFCE	0.197	0.017	11.43	0.000
	URBAN	0.315	0.046	6.78	0.000
	RD	0.055	0.012	4.58	0.000
Region1 ($F2_{t+1} \leqslant -4.658$)	F2	-0.009	0.008	-1.13	0.260
	_cons	1.039	0.065	16.10	0.000
Region2 ($-4.658 < F2_{t+1} \leqslant -4.358$)	F2	0.573	0.210	2.73	0.006
	_cons	3.778	0.949	3.98	0.000
Region3 ($F2_{t+1} > -4.358$)	F2	0.004	0.002	2.02	0.043
	_cons	1.173	0.039	29.84	0.000

结果表明，当 F2 低于低门限值-4.658 时，影响系数为-0.009，但未通过显著性检验，即金融化发展不足，对经济增长存在抑制效应，但不具有统计意义上的显著负向影响。当 F2 高于高门限值-4.358 时，影响系数虽然为正，且在 5%的置信水平下显著，但影响系数只有 0.004，相较于处于两个门限值之间的金融化水平的影响系数 0.573，促进效应大幅减弱。F2 与 F1 的结论大致相同，可以印证前文中的门限回归模型是稳健的。

2. TVP-VAR 模型

通过 MCMC 模拟 10000 次，输出各参数估计的统计量，结果如表 3-10 所示。

表 3-10　中国经济金融化（F2）基于 MCMC 模拟法的参数检验结果

参数	$(s_b)_1$	$(s_b)_2$	$(s_a)_1$	$(s_a)_2$	$(s_h)_1$	$(s_h)_2$
均值	0.023	0.023	0.080	0.082	0.733	0.365
标准差	0.003	0.003	0.036	0.042	0.266	0.157
95%L	0.018	0.018	0.041	0.039	0.311	0.125
95%U	0.029	0.028	0.174	0.197	1.337	0.732
Geweke 收敛诊断值	0.188	0.237	0.358	0.118	0.706	0.820
无效因子	5.150	5.070	29.890	16.720	67.550	69.120

等间隔脉冲响应函数中，在时间间隔的选取上，选取 1 期间隔、2 期间隔和 4 期间隔，分别代表 2003—2019 年中国经济金融化 F2 对变量的短期影响、中期影响和长期影响。从图 3-14 可以看出，1、2、4 期间隔的脉冲响应函数相比 1、2、8 期的脉冲响应函数中三条曲线的走势更为一致。除了对政府最终消费支出增长率的冲击效应为负效应加剧，其余变量的冲击影响都与 F1 相似。

时点脉冲响应函数中，分别选取 2009 年第二季度、2012 年第四季度和 2018 年第四季度 3 个时点用以比较在不同时点对中国经济金融化 F2 施加一单位的变动时，对另外的变量产生的影响。从图 3-15 可以看出，2009 年第二季度和 2012 年第四季度下的脉冲响应较为平稳，2018 年第四季度的脉冲响应相较于 F1 具有较大不同，但与 F1 相同的是，2012 年第四季度时点下的冲击反应平稳为正，说明 2012 年第四季度经济金融化的实体经济增长效应明显为正效应。

因此，通过稳健性检验的对比分析可以看出，实证结果与前文结论基本类似，说明本章的研究结论是稳健的。

本章基于内生经济增长理论，将经济金融化视为影响实体经济增长的

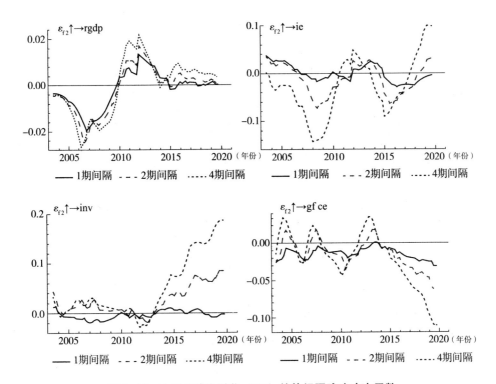

图 3-14 中国经济金融化 (F2) 的等间隔脉冲响应函数

一个重要变量, 运用门限回归模型和 TVP-VAR 模型分析经济金融化水平变动对实体经济增长的影响, 结果显示:

第一, 中国经济金融化对实体经济增长存在着明显的门限效应, 中国经济金融化与实体经济增长之间, 不同阈值内增长效应的大小存在差异, 但基本不会改变其作用方向。具体来看, 过度降低经济金融化水平或一味纵容经济金融化水平的提高都不如较小幅度地降低经济金融化水平更能促进实体经济增长, 只有当经济金融化水平的变动值位于合理区间时, 经济金融化才能最大限度地与实体经济相匹配, 达到增长效应的最大化。

第二, 中国经济金融化对实体经济增长的影响效应具有时变特征, 且短期冲击影响更明显。结合中国经济金融化指数的变动趋势, 在经济金融化快速发展阶段, 中国经济金融化变动对实体经济增长的影响大致呈负向冲击, 尤其是 2008 年前后, 负效应最强; 在经济金融化短暂回落阶段, 冲

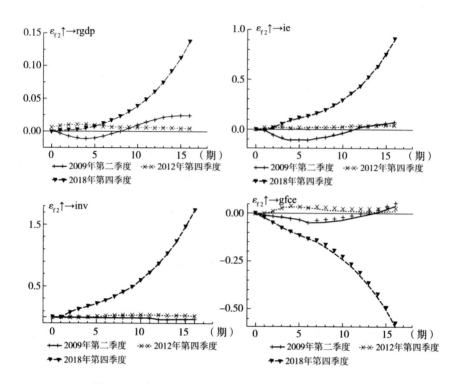

图 3-15　中国经济金融化（F2）的时点脉冲响应函数

击效应由负转正，经济金融化降低反而促进了实体经济增长；高速增长阶段，经济金融化升高，对实体经济的正效应逐渐转弱；大落大起阶段，经济金融化虽然经历了一段时期的降低，但仍保持在较高水平，此时经济金融化变动对实体经济增长呈微弱的正向冲击，随着之后经济金融化程度的提高，正向冲击减弱，长期来看，甚至会产生负效应。

这意味着，中国要对经济金融化合理把控，避免金融化发展过度，适度降低经济金融化水平；同时，不断加强金融对实体经济的服务意识，有效推动金融对实体经济增长的促进作用。

第四章

中国区域经济金融化的经济增长效应

各区域不同的经济金融化对经济增长的影响机制与宏观层面相似，都是把金融作为一种重要的经济资源来推动经济发展。由于中国各地区自然资源禀赋和地方政策等不同，实体经济和经济金融化水平各异。区域经济金融化和实体经济发展的差异会导致区域人才流失、金融资源恶性竞争和经济增长乏力等问题，威胁区域经济稳定发展。东部地区因其独特的区位优势，与中部、东北、西部地区差异持续拉大，政府相继出台了西部大开发、中部崛起和振兴东北等战略来缩小差距，推动经济协调发展。所以，本章聚焦区域视角下经济金融化与经济增长的关系，比较不同区域经济金融化的经济增长效应，从而在中观的区域层面深化对中国经济金融化的增长效应的理解。

一、区域经济金融化增长效应机理分析与研究假设

（一）作用机理分析

区域经济金融化对经济增长的影响作用机理可以从金融的功能和作用角度来分析。金融具有资源配置的功能，在经济金融化进程中，金融资本逐渐与非金融资本相融合，可以通过提高对储蓄和投资的影响，调节资金

的流向，促使资金更多地流向高收益、高回报率的成长性产业，促进资本的形成与积累，对收益低或慢的"夕阳产业"便会相应下调资金支持，从而推动产业结构的升级。与此同时，随着经济金融化进程的推进，金融体系为了适应新的风险和冲击，技术的进步和创新使金融工具和金融业务得以丰富，得益于金融市场的高效性，新的技术得以快速传播。

将整个经济区划分为两类地区，一类代表经济发展欠发达地区，另一类代表经济发展较发达地区。由于经济发展较发达地区产业之间的融合性较高，资本流通速度快，技术水平相比欠发达地区更加成熟，因此，追求效用最大化的理性投资者总是偏好经济发展较发达的地区。在均衡增长状态下，等量资源从经济欠发达地区转移到经济较发达地区时，投资量和投资率都相对提升，经济加速增长。当前市场经济中的投资行为以金融为媒介，投资差异导致区域间参与金融活动的方式或金融结构发生变化，区域经济金融化程度的不同导致了对该区域经济增长影响作用的不同。根据 Patrick（1966）的"金融供给"和"金融需求"理论，当经济规模扩大时，经济结构发生转变、市场规模扩大并逐渐呈现复杂化、技术不断进步，金融业需要提供更大规模、更具创新和复杂的金融服务与之相匹配，经济金融化程度不断提高。同时，经济金融化的发展为经济发展提供有效的融资途径以及金融服务，来减少经营风险，营造的环境和条件有助于经济增长。

因此，较发达地区的经济金融化程度相比欠发达地区更高，从资本配置角度出发，进一步构建新的实际产出函数：

$$Y = F(K_1, K_2) \tag{4-1}$$

$$K_1 + K_2 = K \tag{4-2}$$

$$K_1 = K_1^1 + K_2^1, \quad K_2 = K_1^2 + K_2^2 \tag{4-3}$$

其中，K_1 代表欠发达地区，K_2 代表较发达地区，K_1^1、K_1^2 是欠发达地区和较发达地区的实体经济资本存量，K_2^1、K_2^2 是欠发达地区和较发达地区的金融资本存量。

在经济结构和金融结构不变的背景下，欠发达地区和较发达地区均保持稳定增长状态，整个经济处于稳定增长状态，且投资率、实体经济和金融资本存量的最优比例 k^* 不变，即经济金融化程度不变。当经济结构升级时，投资率提高，即社会总资本 K 增加，同时，社会总资本配置由欠发达地区向较发达地区转移，在两个地区均保持稳定增长状态下，经济金融化程度将加速提高。

假设欠发达地区的资本向较发达地区的转移为 ΔK，则在稳定增长状态下，欠发达地区的金融资本存量减少 $\Delta K/(1+k_1^*)$，较发达地区的金融资本存量减少 $\Delta K/(1+k_2^*)$，因为 k_2^* 大于 k_1^*，整个经济的金融资本存量将增加 $\Delta K(k_2^*-k_1^*)/\{(1+k_1^*)(1+k_2^*)\}$。

因此，当地区发展不平衡时，地区之间的资本转移会使金融资本存量得到大幅度额外增加，加快了经济金融化程度的提升。但当经济金融化程度偏离最优水平时，呈现出的经济金融化不足或经济金融化过度将会损害经济增长。

（二）研究假设

2019 年 7 月，李克强总理强调，地方发展在围绕普惠、绿色、科技金融和金融更高水平开放等进行改革试点的同时，要符合宏观政策并动态调整，在配合国家重大区域发展战略的基础上，开展区域金融改革创新，适应经济协调发展的需要。中国的长江三角洲城市群、环渤海经济区和珠江三角洲城市群充分展现了金融资源在区域内集聚的优势，金融业得到快速发展，区域金融化程度大幅提升，优化了产业结构，促进了实体经济增长。

将中国 31 个省（区、市）分为四大经济区域①，如表 4-1 所示。

表 4-1　中国四大经济区域

东北地区	东部地区	中部地区	西部地区
辽宁	北京	山西	内蒙古
吉林	天津	安徽	广西
黑龙江	河北	江西	重庆

---

① 区域划分参考中国人民银行发布的《中国区域金融运行报告 2020》的划分标准。

续表

东北地区	东部地区	中部地区	西部地区
	上海	河南	四川
	江苏	湖北	贵州
	浙江	湖南	云南
	福建		西藏
	山东		陕西
	广东		甘肃
	海南		青海
			宁夏
			新疆

从2019年各区域GDP总量来看（见图4-1），东部地区各省GDP值平均水平遥遥领先于其他各地区，且除东北地区的吉林省和黑龙江省以外，相较于2018年，其他各省GDP增长率均处于5%以上水平，东北地区经济增长速度相较于其他区域较慢。

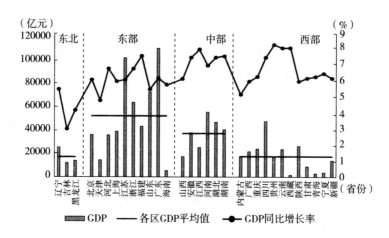

图4-1　2019年各区域GDP总量、平均GDP水平及同比增长率

资料来源：Wind资讯。

具体分析四大经济区的GDP增长率（见图4-2），2012年之前，各区域增长趋势相近，西部、中部地区的增速较高，东北地区在2007—2013年

的增速甚至高于东部地区。2014 年之后，东部地区增速大幅下滑，甚至在 2016 年和 2018 年出现了负增长，虽然 2019 年增速恢复至 5.541%，但增速较于其他区域仍处于最低水平。

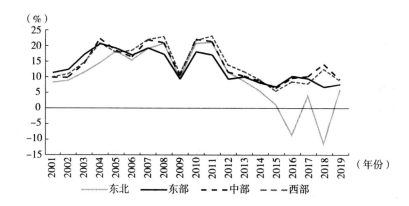

图 4-2　中国四大经济区 GDP 增长率（2001—2019 年）

资料来源：国家统计局。

2019 年，中国国内生产总值 99.1 万亿元，比上年增长 6.1%[1]。按照东部、中部、西部以及东北地区的顺序对全国经济增长贡献率分别为 49.9%、24.9%、21.6% 和 3.6%，其中，基于近五年平均水平来看，东部地区降低 2.1%，中部地区上升 2.8%，西部地区和东北地区分别降低 0.1% 和 0.7%，贡献率分别呈现波动下滑和稳定上升，而西部地区和东北地区维持窄幅运动[2]。对各区域的金融业增加值进行比较（见表 4-2）。可以看出，2000 年，东部地区金融业增加值几乎是东北地区的 10 倍左右，东北地区与中、西部地区的差值近 400 亿元；而随着经济的发展，到 2019 年，东部地区金融业增加值已达到 46329.68 亿元，是东北地区同年的 12 倍之多。

---

① 数据来源于国家统计局。

② 具体数据来源于《中国区域金融运行报告 2020》。

表 4-2　2000—2019 年中国四大经济区金融业增加值　　单位：亿元

年份	东北地区	东部地区	中部地区	西部地区
2000	231.14	2727.63	612.43	621.60
2001	242.12	2768.12	631.06	676.27
2002	244.23	2933.09	630.61	745.50
2003	250.73	3334.60	642.01	852.13
2004	297.41	3764.91	677.80	957.78
2005	351.51	4364.36	803.10	1121.32
2006	478.33	5523.22	1014.82	1346.29
2007	667.85	8313.60	1443.64	1756.97
2008	779.74	10071.83	1876.49	2244.42
2009	968.57	11897.21	2267.94	2833.22
2010	1133.98	14301.39	2808.07	3351.71
2011	1334.00	16849.91	3424.47	4281.81
2012	1699.11	19055.40	4134.02	5548.56
2013	2255.47	22852.59	5484.87	7223.92
2014	2654.60	25836.64	6515.48	8262.70
2015	3282.39	30074.88	8228.47	9615.12
2016	3389.61	33262.87	9558.86	11075.21
2017	3606.57	37177.06	10851.12	12439.31
2018	3583.93	42060.37	11539.31	13184.44
2019	3818.43	46329.68	12614.73	14171.19

资料来源：根据国家统计局数据整理。

对比中国 2005 年和 2017 年的 31 个省（区、市）实体经济（剔除金融、保险、房地产业）和经济金融化水平，其中，通过对金融业增加值占比 GDP 来衡量地区经济金融化水平。如图 4-3 所示，从区域层面来看，2017 年东部地区的经济金融化和实体经济 GDP 最高，东北地区、中部地区、西部地区经济金融化水平发展趋势相差不大，但实体经济水平西部地区最低。从省级视角来看，实体经济发展水平各异，经济水平较高的省份有广东、江苏和山东，经济水平较低的三个省份为西藏、青海、宁夏，指标的极差较大；经济金融化水平较高的为上海、北京和天津，排在后三位的为山东、湖南和吉林。通过比较发现，排名较高的省（区、市）均分布于东部地区并且位于珠江三角洲城市群①、长江三角洲城市群②和环渤海经济区③内，可见，三大经济圈的经济金融化和实体经济发展处于领先地位，也从侧面体现了城市群的经济发展优势。

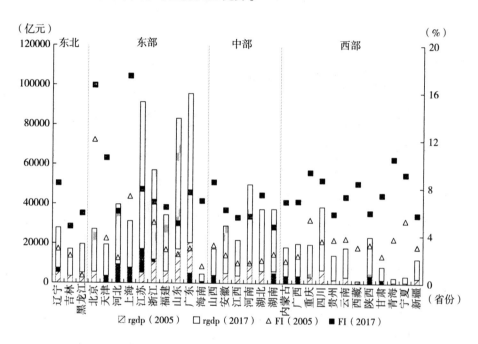

图4-3　中国31省（区、市）实体经济与经济金融化水平对比（2005年、2017年）
资料来源：Wind资讯。

　　结合作用机理和对中国各区域经济增长的现状分析，针对区域视角下中国经济金融化的增长效应，提出如下假设：

　　假设5：经济金融化程度越高的区域，其区域经济水平增长越快，区域经济金融化的增长效应日益显现。

---

　　①　珠江三角洲城市群，各城市属广东省一省管辖。

　　②　长江三角洲城市群，各城市属上海市、江苏省、浙江省、安徽省共同管辖。

　　③　环渤海经济区涵盖了五省（区）二市，包括北京市、天津市、河北省、辽宁省、山东省、山西省、内蒙古自治区中部地区。

假设 6：中国区域经济金融化的增长效应不平衡，具有明显的区域差异性。

二、区域经济金融化增长效应实证研究设计

（一）变量选择及数据来源

在变量的选择方面，为了较为准确地拟合各省的经济增长构成，选取了七个指标来测度区域经济金融化对区域经济增长水平的影响。

被解释变量为区域经济增长水平，为了消除人口因素多导致的区域经济增长差异，选用人均 GDP 来衡量各区域的经济增长水平，在数据的表现形式上，利用对数形式的省级人均 GDP 作为代理变量。

解释变量为区域经济金融化程度，由于数据的可得性，无法如第二章利用分指标进行合成，因此，选用省级金融业产值占该省 GDP 的比重作为区域经济金融化的代理变量。

其余变量作为控制变量：①对外开放度，利用外商投资企业的投资总额占比 GDP 来表示。外商投资企业的投资总额是基本建设资金和流动资金的投入总和，包括合营各方的出资额和企业向银行举借的筹资借款。可以在一定程度上反映该区域吸引外商投资的能力，体现了该区域招商引资的能力。②固定资产投资，利用固定资产投资完成额占 GDP 的比重来表示，作为实现产业结构加速发展的主要动力的同时，也能够为结构的积极改进带来创新灵感，在区域经济平稳发展的过程中起到关键作用。③财政自主度，以地方公共财政支出与中央公共财政支出的比值来表示，比值越高，说明地方财政支出水平较高，财政自主度越大，地方政府支配财政资源的能力越强，对该区域经济的干预程度越大。④产业结构，以省级数据中第二产业产值占 GDP 的比重来表示。选择这一变量的原因是，相对农业和服务业而言，资本密集型产业对金融的需要度更强。⑤人力资本，利用该省高等学校毕业生数占总人口比重表示，可以体现区域人口受高等教育的覆

盖度和人力资本的质量。⑥技术市场水平，以技术市场成交额占 GDP 比重来表示。技术市场成交额是登记合同成交额中技术部分的成交金额，反映了区域技术市场的发展水平，如研究试验人员数、发明专利申请受理数、研究经费支出、科技成果登记数等方面。

各变量的具体定义如表 4-3 所示。由于数据获取限制，在数据选取中，剔除西藏自治区，选取 2005—2017 年 30 个省（区、市）的面板数据，依据《中国区域金融运行报告（2020）》，将全国划分为东北地区、东部地区、中部地区和西部地区四类。所有变量数据均来源于 Wind 资讯和各地区统计年鉴①。

表 4-3　各区域经济金融化增长效应的变量列表

	变量符号	变量名称	具体含义
被解释变量	lnPGDP	经济增长水平	对人均 GDP 取对数处理
解释变量	FI	区域经济金融化	金融业产值/GDP
控制变量	FDI	对外开放度	外商投资企业的投资总额/GDP
	FINV	固定资产投资	固定资产投资完成额/GDP
	GA	财政自主度	地方公共财政支出/中央公共财政支出
	SGDP	产业结构	第二产业产值/GDP
	LAB	人力资本	高等学校毕业生数/总人口
	TECH	技术市场	技术市场成交金额/GDP

（二）实证方法

区域经济增长的变化过程是持续性的且具备一定的动态惯性特征，经济增长较快的区域会获得相对较多的资源要素投入，经济发展潜力较强，因此区域经济增长不仅会受当期经济因素的影响，也与自身前期的变化密切相关。本章通过构建面板数据模型，选用系统 GMM 估计法来进行实证检验，考察中国区域经济金融化的经济增长效应。

---

① 原始数据见附录 C 中表 C1、表 C2。

GMM 估计（Generalized Method of Moments），即广义矩估计，最早是由 Hansen（1982）引入，是基于模型实际参数满足一定矩条件而形成的一种参数估计方法，只要模型设定正确，则总能找到该模型实际参数满足的若干矩条件而采用 GMM 估计。将其与普通最小二乘法、工具变量法和极大似然法等传统的计量经济学估计方法进行比较发现，GMM 估计不需要知道随机误差项的准确分布信息，允许随机误差项存在异方差和序列相关，所以 GMM 估计相比其他参数估计，能够更有效地取得参数估计量。

GMM 估计的基础理论如下：

设参数 θ 是 k 维的参数向量，m(z, θ) 是 $\ell \times 1$ 的向量函数（$\ell \geq k$），满足矩条件：

$$E[m(z, \theta)] = 0 \tag{4-4}$$

对于样本容量 n，设：

$$\bar{g}(\theta) = \frac{1}{n} \sum_{i=1}^{n} m(z_i, \theta) \tag{4-5}$$

若 $\ell = k$，即模型参数恰好识别时，则 $\bar{g}(\theta) = 0$，可得矩估计量（MM）$\hat{\theta}$。若 $\ell > k$，出现模型的过度识别问题时，即方程个数多于未知参数个数，这时由于 $\bar{g}(\theta)$ 是一个向量，可能没有估计量使 $\bar{g}(\theta) = 0$ 成立。因此，$\bar{g}(\theta)$ 要尽可能接近于 0：

$$\min J(\theta) = n\bar{g}(\theta)' W \bar{g}(\theta) \tag{4-6}$$

由此，可得到广义矩估计量：

$$\hat{\theta}_{GMM} = \arg\min \left[\frac{1}{n} \sum m(z, \theta) \right]' W \left[\frac{1}{n} \sum m(z, \theta) \right] \tag{4-7}$$

其中，权矩阵 W 为一个 $\ell \times \ell$ 阶矩阵，作用是调整 ℓ 个矩条件之间的关系。GMM 估计是大样本估计，在大样本的背景下，$\hat{\theta}_{GMM}$ 是渐近有效的。

假设线性模型的回归方程为：

$$y_i = z_i' \beta + \varepsilon_i \tag{4-8}$$

假设存在含有 $\ell(\ell \geq k)$ 个分量的工具变量向量 x_i 与随机扰动项 ε_i 不相关，即：

$$E(x_i \varepsilon_i) = 0 \tag{4-9}$$

其中，$z_i(k \times 1)$ 是 $x_i(\ell \times 1)$ 的部分或函数（$\ell \geq k$），$m(z_i, \beta) = x_i \varepsilon_i =$

$x_i(y_i - z'_i \beta)$。

此时，线性模型可以表示为：

$$Y = Z\beta + \varepsilon \tag{4-10}$$

$$E(X'\varepsilon) = 0 \tag{4-11}$$

其中，$Z' = (z_1, \cdots, z_n)$，$X' = (x_1, \cdots, x_n)$。

那么：

$$\bar{g}(\beta) = \frac{1}{n}\sum_{i=1}^{n} m(z_i, \beta) = \frac{1}{n}X'\varepsilon = \frac{1}{n}X'(Y - Z\beta) \tag{4-12}$$

若取 $W = \Omega^{-1}$｛此时的 $\Omega = E[m(z, \beta) \ m(z, \beta)'] = E(x_i, x'_i\varepsilon_i^2)$｝，$\hat{\beta}$ 具有最小方差 $V = (\Gamma'\Omega^{-1}\Gamma)^{-1}$，从而可以得到位置参数 β 的有效 GMM 估计量：

$$\hat{\beta} = \arg\min J(\beta) = \arg\min n\bar{g}(\beta)'\Omega^{-1}\bar{g}(\beta) = (Z'X\Omega^{-1}X'Z)^{-1}Z'X\Omega^{-1}X'Y \tag{4-13}$$

且 $\hat{\beta}$ 具有良好的渐近性质，满足 $\sqrt{n}(\hat{\beta}-\beta)\xrightarrow{d} N(0, (\Gamma'\Omega^{-1}\Gamma)^{-1})$。

在具体运用过程中，通过求 Ω 的一致估计量 $\hat{\Omega}$ 来计算：

$$\hat{\beta} = (Z'X\hat{\Omega}^{-1}X'Z)^{-1}Z'X\hat{\Omega}^{-1}X'Y \tag{4-14}$$

采用两步 GMM 估计方法得到有效估计量时，先取加权矩阵 $W = $ 单位矩阵 I，或者对于线性模型 $Y = X\beta + u$，取 $W = (X'X)^{-1}$ 得到初始 GMM 估计量 $\tilde{\theta}$（或 $\tilde{\beta}$）。然后再取加权矩阵 $W = \hat{\Omega}(\tilde{\theta})^{-1} = \left[\frac{1}{n}\sum m_i(z_i, \tilde{\theta}) \ m_i(z_i, \tilde{\theta})'\right]^{-1}$，可以证明它是 Ω^{-1} 的一致估计量。则通过两步完成所得到的 GMM 估计量为：

$$\hat{\theta} = \arg\min \bar{g}(\theta)'\hat{\Omega}(\tilde{\theta})^{-1}\bar{g}(\theta) \tag{4-15}$$

基于动态面板数据模型，将被解释变量的滞后项作为解释变量，衍生了解释变量的内生性问题，与随机扰动项相关。Arellano 和 Bond（1991）、Arrellano 和 Bover（1995）、Blundell 和 Bond（1998）先后提出了差分广义矩估计和系统广义矩估计。结果发现，对于一阶自回归模型来说，运用系统广义矩估计方法时，相比差分广义矩估计利用了更多的信息，可以有效控制某些解释变量的内生性问题，在降低有限样本偏误的同时增加了准确性。因此，本章选择系统 GMM 估计方法对区域经济金融化的面板数据进行分析。

三、区域经济金融化增长效应实证结果与解释

（一）变量的描述性统计

对所选变量数据进行描述性统计，结果如表4-4所示①。可以看出，代表对外开放度和固定资产投资的变量 FDI、FINV 的标准差数值均较大，说明区域之间无论在对外开放度还是固定资产投资规模方面都存在较大差距，体现了中国区域经济增长的不平衡性，采用面板数据模型可以充分体现个体之间的异质性。

表4-4　中国各区域经济金融化增长效应所选变量的描述性统计

变量	lnPGDP	FI	FDI	FINV	GA	SGDP	LAB	TECH
平均值	10.375	5.365	36.836	64.644	15.701	46.390	0.472	1.017
标准差	0.628	2.915	36.344	24.248	8.313	7.980	0.169	2.205
最小值	8.945	1.536	5.573	23.960	1.934	21.306	0.165	0.020
P25	9.924	3.385	13.903	44.255	9.694	43.267	0.346	0.177
中位数	10.441	4.756	19.970	62.956	14.928	47.911	0.465	0.361
P75	10.808	6.472	50.719	81.770	20.387	51.985	0.557	0.855
最大值	11.680	16.638	180.756	130.083	41.086	57.688	0.935	14.707
观测个数	390	390	390	390	390	390	390	390

对所有变量进行全样本相关性分析，相关系数矩阵如表4-5②所示。可以看出，代表经济增长水平的指标 lnPGDP 与经济金融化 FI 的相关性系数

---

① 描述性统计中，除标准差外，其余单位均为%。

② 变量之间若存在多重共线性，对线性回归模型来说，可能会有伪回归的出现，估计结果存在偏误。因此，在进行回归分析之前，还采用方差膨胀因子检验变量之间的共线问题，具体结果如附录B中表B3所示，本章所选变量之间不存在共线性问题。

大于0.6，说明被解释变量与解释变量之间显著正相关，在区域视角下经济金融化对经济增长具有正向影响。

表4-5　各区域经济金融化影响效应所选变量的相关系数矩阵

	lnPGDP	FI	FDI	FINV	GA	SGDP	LAB	TECH
lnPGDP	1	0.693 ***	0.372 ***	0.164 ***	0.564 ***	-0.074	0.720 ***	0.394 ***
FI	0.671 ***	1	0.308 ***	0.180 ***	0.267 ***	-0.378 ***	0.428 ***	0.361 ***
FDI	0.382 ***	0.449 ***	1	-0.449 ***	0.130 **	-0.099 *	0.411 ***	0.319 ***
FINV	0.167 ***	-0.016	-0.473 ***	1	0.015	0.021	0.104 **	-0.104 **
GA	0.552 ***	0.236 ***	0.135 ***	-0.059	1	0.055	0.383 ***	0.243 ***
SGDP	-0.133 ***	-0.538 ***	-0.313 ***	0.078	0.077	1	-0.025	-0.110 **
LAB	0.709 ***	0.494 ***	0.365 ***	0.038	0.275 ***	-0.146 ***	1	0.516 ***
TECH	0.396 ***	0.683 ***	0.290 ***	-0.202 ***	0.107 **	-0.521 ***	0.508 ***	1

注：***、**、*分别代表在1%、5%和10%的水平下显著。

（二）系统 GMM 估计分析

为了对假设5进行检验，将模型设定为：

$$\ln(PGDP)_{i,t} = \alpha \ln(PGDP)_{i,t-1} + \theta FI_{i,t} + \beta X_{i,t} + \varepsilon_{i,t} \qquad (4-16)$$

其中，$\ln(PGDP)_{i,t}$ 为区域经济增长水平，$\varepsilon_{i,t}$ 为模型误差项，$FI_{i,t}$ 为区域经济金融化程度，$X_{i,t}$ 为随时间和个体变化的控制变量。

运用系统 GMM 估计方法，先对全样本进行估计，结果如表4-6所示。估计结果表明，对于区域经济金融化程度 FI 而言，估计系数在1%水平下显著为正，说明样本期间内，区域经济金融化对区域经济增长具有较为显著的积极影响。滞后一期的经济增长水平系数为负，但在统计意义上来说并不显著，说明全样本数据滞后一期的经济增长水平对当期经济增长的影响很小，且可能具有负向作用。同时，对外开放度、固定资产投资、财政自主度、产业结构、人力资本的估计系数均在1%水平下显著为正，说明这些变量对经济增长也具有较为明显的促进作用。

表 4-6 全样本经济金融化对经济增长的 GMM 估计结果

	lnPGDP
L. lnPGDP	−0.002 (−0.03)
FI	0.099*** (3.83)
FDI	0.002** (2.36)
FINV	0.005*** (3.66)
GA	0.020*** (7.97)
SGDP	0.015*** (4.84)
LAB	1.254*** (12.53)
TECH	−0.013 (−0.76)
常数项	7.870*** (9.48)
样本量	377
AR（2）	−1.78
AR（2）p-value	0.075
Sargan 检测值	30.22
Sargan p-value	0.000

注：L. 表示滞后一期；括号内为 z 值，***、**、* 分别代表在 1%、5% 和 10% 的水平下显著。

将 30 个省（区、市）的面板数据进行区域划分后代入系统 GMM 估计模型，估计结果如表 4-7 所示。可以看出，东北地区与中部地区的经济增长表现为明显的持续性，且呈正向影响，说明东北地区和中部地区经济增长的当期水平与上期水平显著相关。东北地区和东部地区的经济金融化 FI 估计系数在 1% 的水平下显著为正，西部地区的 FI 估计系数在 10% 的水平下显著为负，中部地区的 FI 估计系数不显著，说明东北地区和东部地区的经济金融化促进了经济增长，西部地区的经济金融化抑制了经济增长，而中部地区的经济金融化对经济增长具有微弱的负向效应，但在统计意义上不显著。

表 4-7　区域经济金融化对经济增长的 GMM 估计结果

lnPGDP	东北地区	东部地区	中部地区	西部地区
L. lnPGDP	0.728 *** (5.30)	0.047 (1.08)	0.687 *** (30.37)	−0.072 (−1.13)
FI	0.265 *** (3.01)	0.120 *** (14.67)	−0.010 (−0.91)	−0.047 * (−1.92)
FDI	−0.004 *** (−4.18)	0.002 ** (2.13)	−0.003 (−1.09)	0.004 * (1.77)
FINV	−0.000 (−0.02)	0.007 *** (5.24)	−0.000 (−0.31)	0.018 *** (6.23)
GA	−0.004 (−0.82)	0.015 *** (11.10)	0.013 *** (4.49)	0.013 ** (2.57)
SGDP	0.037 *** (5.86)	0.015 *** (8.44)	0.014 *** (8.25)	0.020 *** (2.77)
LAB	−0.925 ** (−2.15)	1.006 *** (6.11)	1.156 *** (12.86)	1.320 *** (5.76)
TECH	0.023 (0.12)	−0.021 *** (−4.12)	0.078 *** (4.59)	−0.176 *** (−2.90)
常数项	0.676 (0.70)	7.586 *** (14.12)	1.774 *** (7.11)	8.156 *** (14.39)
样本量	26	130	78	143
AR（2）	.	−0.75	−0.24	−0.94

续表

lnPGDP	东北地区	东部地区	中部地区	西部地区
AR（2）p-value	.	0.451	0.808	0.346
Sargan 检测值	4.14	36.37	1.46	59.19
Sargan p-value	0.126	0.000	0.835	0.000

注：①L. 表示滞后一期；括号内为 z 值，***、**、* 分别代表在 1%、5%和 10%的水平下显著。

②由于东北地区样本量较其他地区较少，自由度不够，导致 Stata 结果导出时 AR（2）及其 p 值无法显示，以 "." 代表。

结合各区域经济金融化的程度及金融结构（见表 4-8）对 GMM 估计结果进行分析，其中金融结构以直接融资比重来表示。

表 4-8　各区域经济金融化及直接融资比重　　　　单位：%

区域		区域经济金融化					直接融资比重				
		2005 年	均值	2017 年	均值	增长率	2013 年	均值	2017 年	均值	增长率
东北地区	辽宁	2.894	1.946	8.392	6.335	225.466	11.160	8.213	-2.312	6.829	-16.857
	吉林	2.310		4.748			7.689		18.271		
	黑龙江	0.635		5.863			5.791		4.527		
东部地区	北京	12.055	4.267	16.617	9.128	113.912	35.123	12.612	-21.673	5.089	-59.645
	天津	3.774		10.522			17.128		-6.439		
	河北	2.132		6.037			7.043		5.595		
	上海	7.300		17.401			7.270		12.733		
	江苏	2.647		7.900			13.861		17.760		
	浙江	5.115		6.825			11.995		15.579		
	福建	2.839		6.387			8.205		5.092		
	山东	2.441		5.027			10.814		10.467		
	广东	2.934		7.639			5.728		7.776		
	海南	1.432		6.923			8.948		4.002		
中部地区	山西	3.193	2.232	8.501	6.336	183.882	19.373	13.226	15.933	9.858	-25.460
	安徽	2.375		6.157			9.559		9.101		
	江西	1.714		5.534			8.107		2.495		
	河南	1.717		5.632			16.552		4.891		
	湖北	1.932		7.444			10.108		9.872		
	湖南	2.462		4.750			15.654		16.858		

续表

区域		区域经济金融化					直接融资比重				
		2005 年	均值	2017 年	均值	增长率	2013 年	均值	2017 年	均值	增长率
西部地区	内蒙古	1.857		6.833			16.447		-1.268		
	广西	2.307		6.875			9.390		1.214		
	重庆	5.340		9.337			12.661		1.223		
	四川	3.551		8.662			8.351		7.988		
	贵州	3.674		5.819			5.168		5.275		
	云南	3.769	3.433	7.295	7.660	123.129	8.927	9.740	7.062	2.724	-72.037
	西藏	3.043		8.406			0.647		4.460		
	陕西	3.243		5.937			12.623		6.808		
	甘肃	2.313		7.421			12.686		-0.762		
	青海	3.747		10.462			12.449		-9.039		
	宁夏	5.264		9.139			2.711		0.729		
	新疆	3.085		5.730			14.821		8.992		

注：由于数据可得性的限制，此处将 2013 年和 2017 年的区域直接融资比重进行对比。

资料来源：国家统计局；中国人民银行；Wind 资讯。

对于东北地区来说，从经济金融化程度角度来看，得益于"振兴东北"战略①的提出，虽然 2005 年和 2017 年经济金融化程度均为最低，但相较于 2005 年，2017 年增长了 2 倍多；在金融结构上，2017 年直接融资比重均值高达 6.829%，虽然相较于 2013 年下降了 16.857%，但相比其他地区降幅最小，发展强劲的经济金融化和与其相伴随的金融结构优化共同对经济增长起到了一定的积极作用。

对于东部地区来说，经济金融化发展已较为成熟，相较于 2005 年，2017 年经济金融化程度倍增，虽然经济金融化的增长率（113.912%）及直接融资比重（5.089%）均低于东北地区，但东部地区经济金融化对经济的拉动仍是有效的。

---

① 2004 年"振兴东北"战略启动；2019 年 6 月，李克强总理主持召开国务院振兴东北地区等老工业基地领导小组会议强调，更大力度推进改革开放，奋力实现东北全面振兴。这是继西部大开发后，地区协调发展的又一重大举措。

对于中部地区来说，经济金融化的增长率位于中间水平，经济金融化程度既未达到东部地区的成熟阶段，又不及东北地区的迅速发展，虽然2017年中部地区直接融资比重最高，达9.858%，但是仍可能在一定程度上导致中部地区经济金融化对经济增长的促进作用并不明显。

对于西部地区来说，经济金融化水平稍高于中部地区，但增长较缓慢，且金融结构相较于其他地区处于劣势，直接融资比重较低，2017年均值仅为2.724%，相较于2013年下降了72.037%，下降幅度最大，抑制了西部地区经济金融化对经济增长的促进作用，反而造成负效应的出现。

将样本区间按照时间段划分，对2008年前后的整体数据进行特定时间段估计。从表4-9可以看出，2008年之前区域经济金融化对经济增长的影响并不显著，2008年之后区域经济金融化FI的估计系数在10%水平下显著为正。造成这种结果的原因可能是由于样本区间较小，2008年之前的观测数据只有87个，样本量不足以对其进行广义矩估计。由于2008年爆发了全球性金融危机，重点分析2008年之后中国经济增长水平的变化。通过与表4-6的结果进行比较发现，2008年之后区域经济金融化FI的估计系数仅为0.053，大幅小于总样本的估计系数0.099，主要原因可能是2008年经济危机发生后，中国的金融业受到不可避免地冲击，金融市场发生动荡，金融业对经济增长的拉动作用相应减弱，但过高的经济金融化对实体经济产生挤压，会在一定程度上损害经济增长。

表4-9　2008年前后全样本经济金融化对经济增长的GMM估计结果比较

lnPGDP	2008年之前	2008年之后
L. lnPGDP	0.000 (.)	0.004 (0.03)
FI	0.000 (.)	0.053* (1.78)
FDI	0.016*** (40.03)	0.003** (2.26)
FINV	0.019*** (25.51)	0.001 (0.41)
GA	0.000 (.)	0.011 (1.64)

续表

lnPGDP	2008 年之前	2008 年之后
SGDP	0.171 ***	0.015 ***
	(110.72)	(4.34)
LAB	0.000	0.999 ***
	(.)	(5.00)
TECH	0.000	0.020
	(.)	(0.87)
常数项	0.000	8.650 ***
	(.)	(6.96)
样本量	87	290
AR (2)	0.89	1.82
AR (2) p-value	0.371	0.069
Sargan 检测值	19.28	23.74
Sargan p-value	0.001	0.000

注：①L. 表示滞后一期；括号内为 z 值，***、**、* 分别代表在 1%、5% 和 10% 的水平下显著。
②由于 2008 年之前样本量较少，自由度不够，导致 Stata 结果导出时部分参数无法显示，以 "." 代表。

实证结果显示，经济金融化程度越高的区域，不一定具有越明显的增长效应，拒绝了假设 5，证实了假设 6，说明中国区域经济金融化的增长效应具有较明显的区域差异，适度的区域经济金融化才能最大限度地促进经济增长，中部和西部地区的经济金融化进程亟待推进，东部地区需警惕经济金融化过度的问题出现。此结论与刘仕保和鲍曙明（2014）的研究结论相似，其利用 GMM 估计方法对全国、东部、中部和西部的面板数据分析研究，区域经济增长受到区域金融发展水平的影响存在显著差异，当区域经济增长水平处于低谷时，其对区域经济增长水平存在明显的正向作用，当区域经济增长的水平提升到相应高度时，区域经济增长受到区域金融发展水平的积极影响逐渐减弱。

（三）稳健性检验

在对区域经济金融化的增长效应进行估计时，为了验证解释变量的内生性问题已被较好控制，选用城镇单位从事金融业的就业人员平均工资占所有城镇单位就业人员平均工资的比重，即薪酬比例（WAGE）作为内生性检验的工具变量。选择此工具变量的原因在于，该变量与区域经济金融化相关，但暂无文献证明该变量与区域人均 GDP 相关。利用固定效应模型对被解释变量进行回归，结果如表 4-10 所示。从结果可以看出，WAGE 与 FI 之间的系数为 0.0215，在 1% 的水平下显著，且 FI 对 lnPGDP 的系数为 0.0863，也在 1% 的置信水平下显著，说明 WAGE 是一个很好的工具变量，可以对其有效性进行检验。运用工具变量检测模型的内生性时，F 值为 69.26，大于 10，排除了 WAGE 为弱工具变量的可能性。因此，解释变量的内生性问题得以控制。

表 4-10　区域经济金融化增长效应的内生性检验结果

	FI	lnPGDP
WAGE	0.0215 *** (7.52)	
FI		0.0863 *** (4.08)
FDI		0.0033 *** (4.87)
FINV		−0.0021 ** (−2.01)
GA		0.0087 *** (4.10)
SGDP		0.0197 *** (9.61)
LAB		1.0356 *** (10.02)
TECH		−0.0085 (−0.51)
常数项		7.8790 *** (60.16)
时间固定效应		Yes
样本量	390	390
R^2	0.7805	0.874

注：括号内为 t 值，***、**、*分别代表在 1%、5% 和 10% 的水平下显著。

然后，对上述实证分析结果的稳健性进行检验。采用金融机构存贷款之比（FILD）替换原解释变量经济金融化程度（FI），重新运用系统GMM估计方法探究区域经济金融化对经济增长的影响。选择金融机构存贷款之比（FILD）作为替代变量的原因是，金融机构作为金融部门的重要组成部分，以金融机构存贷款余额比作为测算金融机构将储蓄转化为贷款的效率，效率越高，金融市场的活跃度越高，可以表现出经济金融化进程的特征。

替换解释变量后的系统GMM估计结果如表4-11所示，估计结果显示，替换变量FILD在5%的显著水平下依然为正，与经济金融化（FI）对经济增长的估计结果（见表4-5）基本类似，表明本章的研究结论具有足够的稳健性。因此，通过稳健性检验的对比分析可以看出，实证结果与前文结论基本类似，说明本章的研究结论是稳健的。

表4-11 FILD作为替代变量的全样本GMM估计结果

	lnPGDP
L. lnPGDP	-0.222 *** (-4.95)
FILD	0.009 ** (2.34)
FDI	0.006 *** (6.18)
FINV	0.012 *** (5.52)
GA	0.023 *** (4.11)
SGDP	0.012 ** (2.45)
LAB	1.600 *** (6.30)
TECH	-0.006 (-0.19)

续表

	lnPGDP
常数项	8.781 *** (9.19)
样本量	377
AR (2)	-1.73
AR (2) p-value	0.084
Sargan 检测值	15.34
Sargan p-value	0.004

注：L. 表示滞后一期；括号内为 z 值，*** 、 ** 、 * 分别代表在 1%、5% 和 10% 的水平下显著。

综上所述，本章利用 2005—2017 年的省级面板数据分别比较全样本、东北地区、东部地区、中部地区和西部地区金融化的增长效应差异。在全样本下，中国经济金融化对经济增长具有促进作用，但是对于 2008 年之后的子样本来说，促进作用明显小于全样本；西部地区经济金融化对经济增长呈明显的负向影响；中部地区经济金融化的增长效应不明显，但具有促退的可能性；东北地区经济金融化对经济增长的促进作用最大；作为经济金融化水平最高的东部地区，经济金融化的增长效应反而小于东北地区。实证结果显示，中国经济金融化的增长效应存在区域不平衡性，针对这种现象，可以推行差异化的金融政策，跨区域对金融资源进行重新整合、配置，缩小金融资源的区域差异，以应对区域经济金融化对实体经济增长影响作用不平衡的问题。政府通过政策引导，加强欠发达地区的金融基础设施建设，提升地方金融市场的服务质量，利用一系列优惠支持，增强市场投资意向，分流对较发达地区的投资资金。此外，地方政府也要适度调整财政支出结构，切实做到对地方民营经济发展的扶持工作。

此外，从估计结果可以看出，在所有变量中，除东北地区外，人力资本因素对经济增长的促进效应最强，经济金融化进程的推进也离不开人力资本的支持。由于城市群的形成伴随资源、人口、产业和要素的集聚，通过合理优化结构和配置资源实现人才、资金和信息共享。可以通过提升城市群①功能，推动欠发达地区经济金融化进程，对发达地区过度的金融资源进行分流。在城市群内部，大城市发挥其要素丰富、服务高端和技术先进的优势起到引领作用，中小城市借力补齐短板发挥其自身优势和特色，形成大中小城市协调发展的新格局。

---

① 城市群是在特定的区域范围内云集相当数量的不同性质、类型和等级规模的城市，依托一定的自然环境和交通条件，城市之间的内在联系不断加强，共同构成一个相对完整的城市"集合体"。

第五章

中国非金融企业金融化的
企业价值增长效应

本章着重从微观层面探究中国企业金融化的增长效应,基本论述思路是:阐释企业金融化增长效应的作用机理;通过界定企业金融化的内涵与外延,利用具体数据测度中国非金融企业金融化程度;选取代理指标构建实证模型,考察中国非金融企业投资金融资产的动机及其金融化对企业价值的作用方向。

一、企业金融化增长效应机理分析与研究假设

(一) 作用机理分析

企业金融化是指企业对资源的配置越来越偏向于资本运作,利润的获得大多依赖于金融途径而非贸易和商品生产途径,主要表现在企业参与金融活动的积极性提升,且当企业在投资时会倾向于持有流动性金融资产,企业资本加快融入资金流转,本质上反映了企业在金融资产和固定资产投资上的选择行为(张成思和郑宁,2020)。

借鉴 Le 和 Zak (2006)、Demir (2009) 的分析框架,运用投资组合选择模型来分析非金融企业投资配置,并假定非金融企业仅在金融资产和固

定资产两者之间进行投资选择，以实现效用的最大化。

令 I_t^k、r_t^k 分别代表固定资产的投资额和收益率，由于未来盈利能力的不确定性、投资的不可逆性等，固定资产投资具有风险性，$r_t^k \sim N(\mu, \sigma^2)$。

令 I_t^f、r^f 分别代表金融资产的投资额和收益率，并假定金融资产为无风险资产。因此，投资组合的相对风险即固定资产的风险。

设初始可投资资金为 $W_0 = I_t^k + I_t^f$，那么企业对这种投资期望效用的最大化可以表示为：

$$\underset{W_t}{Max}E\sum_{t=0}^{\infty}\beta^t U(W_t) \tag{5-1}$$

其中，$U(W_t)$ 符合严格递增且连续的凹函数性质。

且，

$$W_t = (1+r_t^k)I_t^k + (1+r^f)I_t^f \tag{5-2}$$

由假定条件 $I_t^f = W_0 - I_t^k$ 可将式（5-2）表示为：

$$W_t = (1+r_t^k)I_t^k + (1+r^f)(W_0 - I_t^k) = W_0(1+r^f) + I_t^k(r_t^k - r^f) \tag{5-3}$$

利用式（5-1）和式（5-3），并应用 Stein's 原理[①]，可得到最优分配：

$$I_t^{k*} = \frac{E(r_t^k - r^f)}{\gamma Var(r_t^k)} \tag{5-4}$$

对式（5-4）取对数，可得：

$$\ln(I_t^{k*}) = \ln(E(r_t^k - r^f)) - \ln\gamma - \ln(Var(r_t^k)) \tag{5-5}$$

其中，$Var(r_t^k)$ 为经济不确定时固定资产投资收益率的方差，代表固定资产投资的风险；$\gamma \equiv -\dfrac{E[U''(W_t)]}{E[U'(W_t)]}$ 为恒定的风险厌恶。

将投资于金融资产和固定资产的总资本记作 K_t^a，则：

$$K_t^a = I_t^{k*} + I_t^f \tag{5-6}$$

代入式（5-4），可得：

$$I_t^f = K_t^a - \frac{E(r_t^k - r^f)}{\gamma Var(r_t^k)} \tag{5-7}$$

---

① 设 $X \sim N(\mu, \sigma^2)$，则有：$Cov(X, g(X)) = Var(X)E[g'(X)]$。该结果表明，对于正态随机变量而言，$X$ 和其函数 $g(X)$ 的协方差等于 X 的方差乘以函数导数 $g'(X)$ 的期望。

式（5-7）左右两边分别除以 K_t^a，然后取对数，且设定 $\log(1-x) \approx -\log(x)$，则：

$$\ln\left(\frac{I_t^f}{K_t^a}\right) = -\ln(E(r_t^k - r^f)) + \ln(\gamma)\ln(Var(r_t^k)) + \ln(K_t^a) \qquad (5-8)$$

式（5-8）表明，金融资产投资份额的增加遵循：

（1）固定资产投资和金融资产投资的收益率之差（$r_t^k - r^f$）减小；

（2）在风险厌恶恒定的条件下，经济不确定性 $Var(r_t^k)$ 增加。

由此可见，$\dfrac{I_t^f}{K_t^a}$ 即金融资产占比企业总资产，是企业金融化程度的代理变量，该值越大，代表企业金融化程度越高。当金融资产的收益率高于固定资产的收益率时，企业会增加金融资产的投资，减少固定资产投资，反之则会减少金融资产投资。

（二）研究假设

由对企业金融化的界定可知，企业金融化主要表现在企业对资源的配置越来越偏向于资本运作，企业资产更多地用于投资而非传统生产经营活动。此外，企业的利润更多地来源于金融活动，追求资本增值而非经营利润。

从统计数据看，如图 5-1 所示，2007 年中国 A 股市场的非金融企业[①]中超过 1800 家企业拥有金融资产，金融资产总额为 14987.391 亿元[②]，占总资产的比重近 15%，平均金融资产达 8.023 亿元；相比之下，2020 年已有超过 4000 家企业拥有金融资产，金融资产总额已高达 110247.481 亿元，是 2007 年的 7 倍多，平均金融资产为 27.296 亿元，占总资产的 17.387%，中国非金融企业的金融资产持有量大幅增加。2007—2020 年，中国非金融企业通过金融渠道获取的利润占营业利润的比重持续增长，从 2007 年的

[①]　此处所提到的非金融企业为 A 股市场中剔除了金融业、房地产业及 ST 股票后的企业。

[②]　参考张成思和张步昙（2016），将金融资产统计为货币资金、可供出售金融资产、持有至到期投资、交易性金融资产、投资性房地产、应收股利与应收利息的加总。具体内涵可见本章实证研究设计部分关于变量的具体定义。

6. 697%增至 2020 年的 23. 979%①，2007 年的金融收益②为 588. 020 亿元，至 2020 年，金融收益总额已增加 10 倍多，平均金融收益从 0. 484 亿元增至 1. 609 亿元，中国非金融企业来自金融渠道的利润占比逐年上升，仅在 2008 年出现较大幅度的下降。

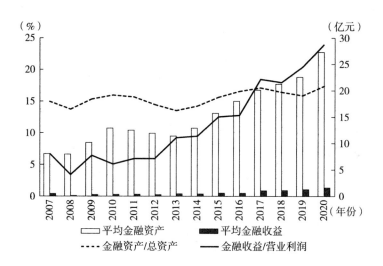

图 5-1 中国 A 股上市非金融企业的金融资产及金融收益（2007—2020 年）
资料来源：Wind 资讯。

2017 年资管新规的发布无疑会对企业融资产生打击，但同时也消减了资本流转过程中的"灰色地带"，使融资行为更加规范。如果不考虑宏观政策所带来的变化，仅从金融资产的持有量和金融收益的水平来看，中国的非金融企业已呈现出明显的金融化趋势。由于金融资产即可以作为流动性贮藏工具，也可以作为投资机会，将企业金融化的动机大致可分为资金管理动机和市场套利动机。根据自由现金流量理论（Free Cash Flow）③，企业

---

① 该值为面板数据按年加总后的各项总额进行计算得出。

② 企业的金融收益，即来自金融渠道的利润，参考张成思和张步昙（2016）的计算方式，为投资、公允价值变动、汇兑等金融活动的净利润，具体内涵见本章实证研究设计部分关于变量的具体定义。

③ 自由现金流量理论认为，自由现金流是企业在生产经营活动中产生的，满足净现值大于 0 的所有项目所需资金后的那部分现金流量。

投资金融资产获得的现金净流入越多，表明企业金融化是一种资金管理行为；根据投资组合理论，投资金融资产的收益越大，表明企业金融化是一种市场套利行为。

因此，针对中国非金融企业金融化的动机问题，提出假设 7 和假设 8：

假设 7：中国非金融企业金融化是出于资金管理的动机。

假设 8：中国非金融企业金融化是出于市场套利的动机。

企业金融化出于不同的动机会产生不同的效应，分别是资金管理动机下的"蓄水池效应"和市场套利动机下的"挤出效应"。非金融企业在决定进行投资时，需要考虑金融资产的"蓄水池效应"可对未来进行固定资产投资起到预防性储蓄作用，同时也要结合金融资产收益现状进行投机性选择，以求获得最大化的收益（刘贯春、刘媛媛和张军，2019）。当金融资产的收益率大于固定资产时，投资者基于理性人假设会增加对金融资产的配置，对固定资产的投资便会相应减少，短期来看，金融资产的高投资收益可以改善实体产业利润减少所带来的营业利润下降问题，甚至实现企业价值的短期提升。但是当金融投资配置过高时，投资风险上升的同时也会造成投资的浪费。长期来看，企业由于缺少可以用来生产的实体产业资金供给，逐渐出现空心化，必然会加剧企业的经营风险，企业价值也将受到负面影响。因此，非金融企业金融化对企业价值的影响并不一定，只有处于适度水平下，才可以实现对企业价值的有利影响。

因此，针对中国非金融企业金融化对企业价值的增长效应，提出假设 9：

假设 9：中国非金融企业金融化程度与企业价值之间存在非线性关系。

二、企业金融化增长效应实证研究设计

（一）变量选择及数据来源

1. 企业金融化（Fin）

既有文献将企业金融化的测度概括为两个层面：一是企业配置的金融

资产占企业的总资产比重；二是金融收益占总利润的比重。由于企业的金融收益是企业金融化的结果，受投资决策的主观影响和市场风险的客观影响，且不总为正，因此借鉴宋军和陆旸（2015）、张成思和张步昙（2016）、杜勇、张欢和陈建英（2017）等研究，从金融资产配置的角度利用金融资产占比来衡量企业金融化程度，不考虑企业内部的产业结构重构问题，将非金融企业配置的金融资产分为应收股利和应收利息、货币资金、投资性房地产①以及交易类金融资产（交易性金融资产、持有至到期投资、可供出售金融资产）。

在企业金融化的动机分类中，企业投资金融资产获得的现金净流入越多，表明企业金融化是一种资金管理行为，即用现金流入（cash）表示资金管理动机；来自金融渠道的收益（gain）表示市场套利动机。在数据处理时，对 cash 和 gain 进行取对数处理，若样本观测值的数值为负时，保留符号取对数，即 $-\ln(-cash)$、$-\ln(-gain)$。

其中，投资金融资产的收益为：gain＝金融渠道获利＝投资净收益+公允价值变动净收益+汇兑净收益+其他综合收益-对联营和合营企业的投资净收益+利息收入-利息支出。

2. 企业价值（Tobin Q）

借鉴戚聿东和张任之（2018）的研究设定，采用 Tobin Q 值作为衡量企业价值的代理变量。Tobin Q 通过市值与总资产两者之间的比值来表示，其中市值包括股权市值和净债务市值。

实证研究的被解释变量以市值 A②/总资产来表示；在稳健性检验中，替换被解释变量，以市值 B③/总资产来表示。其中：

市值 A＝A 股×今收盘价 A 股当期值+境内上市的外资股 B 股×今收盘价 B 股当期值（沪市×CNY_USD，深市/HKD_CNY，转化为人民币）+（总股数-

---

① 中国房地产投资已逐渐成为金融投资中不可忽视的一部分，在此作为一种特殊的金融资产计入非金融企业的金融资产核算类别之中。

② 市值 A 中，非流通股权市值用净资产代替计算。

③ 市值 B 中，非流通股权市值用流通股股价代替计算。

人民币普通股–境内上市的外资股 B 股)×(所有者权益合计期末值/实收资本本期期末值)+负债合计本期期末值。

市值 B =(总股本–境内上市的外资股 B 股)×今收盘价 A 股当期值+境内上市的外资股 B 股×今收盘价 B 股当期值(沪市×CNY_USD,深市/HKD_CNY,转化为人民币)+负债合计本期期末值。

3. 其他变量

此外,本章还控制了其他一些影响企业进行实体资产投资的因素,如:

(1)资产负债率(Lev)为企业当期总负债规模占总资产规模的比重;

(2)固定资产规模(Fixed)由企业固定资产净额规模的自然对数计算所得;

(3)资本密集度(Inten)为企业总资产与营业收入的比值;

(4)可持续增长率(Sus)是企业保持原有发行股份,维持经营成效的各种比率以及财务政策时,所能达到的增长率,进行计算时,可持续增长率=净资产收益率×收益留存率/(1–净资产收益率×收益留存率);

(5)企业年龄(Age)是将当期年份–企业注册年+1,再将计算出来的数值进行取对数处理;

(6)企业成长性(Growth)用企业营业收入的增长率来表示,营业收入增长率=(本年度营业收入–上年度营业收入)/上年度营业收入;

(7)企业规模(Size)由企业当期总资产规模的自然对数计算而来;

(8)股权激励(Stock)利用企业前十大股东持股比例之和作为代理变量[①]。

在回归模型中,对(9)行业效应(Industry)和(10)年度效应(Year)进行控制。

本章所涉及的各变量如表 5-1 所示。

---

① 股权激励主要是通过附条件给予员工部分股东权益,从而与企业形成利益共同体,促进企业与员工共同成长,从而帮助企业实现稳定发展的长期目标。

表 5-1　中国非金融企业金融化增长效应的变量列表

变量符号	变量名称	具体含义
Fin	企业金融化	金融资产/总资产
TQA（B）	企业价值	Tobin Q A=市值 A/总资产 Tobin Q B=市值 B/总资产
Cash	现金流入	现金净流入取自然对数
Gain	金融收益	金融收益=投资净收益+公允价值变动净收益+汇兑净收益+其他综合收益-对联营和合营企业的投资净收益+利息收入-利息支出
Lev	资产负债率	总负债/总资产
Fixed	固定资产规模	固定资产净额取自然对数
Inten	资本密集度	总资产/营业收入
Sus	可持续增长率	净资产收益率×收益留存率/（1-净资产收益率×收益留存率）
Age	企业年龄	（企业当期年份-公司注册年份+1）后取自然对数
Growth	企业成长性	营业收入增长率=（本年度营业收入-上年度营业收入）/上年度营业收入
Size	企业规模	总资产取自然对数
Stock	股权激励	企业前十大股东持股比例之和
Industry	行业效应	行业虚拟变量
Year	年度效应	年度虚拟变量

　　由于 2007 年会计准则发生变动，且 2008 年全球金融危机和 2020 年新冠疫情的暴发对企业的经营状况影响较大，因此本章选取 2010~2019 年的A 股上市公司的原始数据样本进行分析。通过对样本数据进行筛选，剔除金融类、房地产类和存在"特殊处理"的 ST、ST＊公司，剔除总资产小于 0以及有缺失值的样本，最终得到 A 股上市非金融企业的数据样本。在对数据进行处理时，为了避免异常值干扰实证结果，对所有连续变量执行 1%水平下的 Winsorize 处理，共得到 13020 个年度观测值。本章所有数据均来自Wind 资讯和国泰安数据库，并运用 Stata 16.0 进行实证分析。

（二）实证方法及模型构建

为证明假设 7 和假设 8，考察现金流入和金融收益对企业金融化的影响，构建模型（5-9）并采用 OLS 回归进行分析。

$$\text{Fin}_{i,t} = \beta_0 + \beta_1 X_{i,t-1} + \alpha \text{Control}_{i,t-1} + \varepsilon_{i,t} \tag{5-9}$$

其中，i、t 分别代表企业和时间；X 为解释变量，分别表示现金流入（Cash）、金融收益（Gain）；Control 为控制变量，包括资产负债率（Lev）、企业规模（Size）、固定资产规模（Fixed）、资本密集度（Inten）、可持续增长率（Sus）、企业年龄（Age）、股权激励（Stock）、企业成长性（Growth）。此外，被解释变量为当期值，解释变量和控制变量为滞后一期的值。

为证明假设 9，借鉴饶华春（2009）、谢家智等（2014）、马红和侯贵生（2021）等的研究设计，基于欧拉方程投资模型①，构建多元回归模型（5-10）考察企业金融化对企业价值的影响。

$$\text{TQA}_{i,t} = \beta_0 + \beta_1 \text{Fin}_{i,t-1} + \beta_2 \text{Fin}_{i,t-1}^2 + \alpha \text{Control}_{i,t-1} + \varepsilon_{i,t} \tag{5-10}$$

其中，Control 为控制变量，包括资产负债率（Lev）、企业规模（Size）、固定资产规模（Fixed）、资本密集度（Inten）、可持续增长率（Sus）、企业年龄（Age）、股权激励（Stock）。此外，被解释变量为当期值，解释变量和控制变量为滞后一期的值。

若假设 9 得以验证，企业金融化与企业价值之间存在显著的非线性关系，企业金融化水平与企业价值之间的关系可能随着企业特征的不同产生变化。那么，可以运用面板门限回归模型进行分析。

设定面板门限回归模型的一般形式为：

$$y_{it} = \beta_1' x_{it} I(q_{it} \leq \gamma) + \beta_2' x_{it} I(q_{it} > \gamma) + e_{it} \tag{5-11}$$

样本数据为 $\{y_{it}, q_{it}, x_{it}: 1 \leq i \leq n; 1 \leq t \leq T\}$，其中，$y_{it}$ 为被解释变量；x_{it} 包括解释变量和控制变量，且这些控制变量会影响被解释变量；$I(.)$ 表示

---

① Abel（1980）研究分析提出欧拉方程投资模型，用以了解企业投资收益最大的行为问题，后来 Bond 和 Meghir（1994）、Leaven（2003）对该模型进行了发展。该模型是基于价值最大化过程中的一阶条件，包含滞后一期的投资及其平方项。

指示函数（当括号内的条件成立时，$I=1$，否则，$I=0$）；q_{it} 为门限变量，以门限值为结构突变点，把样本依相应阈值区间进行划分。γ 为待估计门限值，e_{it} 独立同分布且与 x_{it} 不相关。当只存在单个门限值时，式（5-11）可以更为直观地表示为：

$$y_{it} = \begin{cases} \mu_i + \beta_1' x_{it} I, & q_{it} \leqslant \gamma \\ \mu_i + \beta_2' x_{it} I, & q_{it} > \gamma \end{cases} \tag{5-12}$$

或：

$$y_{it} = \mu_i + \beta' x_{it}(\gamma) + e_{it} \tag{5-13}$$

其中，β_1' 和 β_2' 为门限系数，$\beta' = (\beta_1' \beta_2')$，$x_{it}(\gamma) = \begin{bmatrix} x_{it} I(q_{it} \leqslant \gamma) \\ x_{it} I(q_{it} > \gamma) \end{bmatrix}$。

在门限模型的估计中，要对门限估计值进行相应的检验，通过比较 q_{it} 与 γ 的大小，划分观测样本，通过最小二乘估计法计算残差平方和最小门限估计值。

$$\bar{y}_{it} = \mu_i + \beta' \bar{x}_{it}(\gamma) + \bar{e}_{it} \tag{5-14}$$

其中，$\bar{y}_{it} = T^{-1} \sum_{t=1}^{T} y_{it}$，$\bar{e}_{it} = T^{-1} \sum_{t=1}^{T} e_{it}$，$\bar{x}_{it}(\gamma) = T^{-1} \sum_{t=1}^{T} x_{it}(\gamma) =$

$$\left(\frac{T^{-1} \sum_{t=1}^{T} x_{it} I(q_{it} \leqslant \gamma)}{T^{-1} \sum_{t=1}^{T} x_{it} I(q_{it} > \gamma)} \right)。$$

$$y_{it}^* = \beta' x_{it}^*(\gamma) + e_{it}^* \tag{5-15}$$

其中，$y_{it}^* = y_{it} - \bar{y}_{it}$，$x_{it}^*(\gamma) = x_{it}(\gamma) - \bar{x}_{it}(\gamma)$，$e_{it}^* = e_{it} - \bar{e}_{it}$。

令 $y_{it}^* = \begin{bmatrix} y_{i2}^* \\ \vdots \\ y_{iT}^* \end{bmatrix}$，$x_{it}^*(\gamma) = \begin{bmatrix} x_{i2}^*(\gamma) \\ \vdots \\ x_{iT}^*(\gamma) \end{bmatrix}$，$e_{it}^* = \begin{bmatrix} e_{i2}^* \\ \vdots \\ e_{iT}^* \end{bmatrix}$ 表示去除一期的单一数据

集，Y^*，$X^*(\gamma)$，e^* 表示所有数据集，例：$X^*(\gamma) = \begin{bmatrix} x_1^*(\gamma) \\ \vdots \\ x_i^*(\gamma) \\ \vdots \\ x_n^*(\gamma) \end{bmatrix}$，那么式（5-15）

可表示为：

$$Y^* = X^*(\gamma)\beta + e^* \tag{5-16}$$

对任意给定的待估计门限值 γ，门限系数 β 可运用最小二乘法进行估计：

$$\hat{\beta}(\gamma) = \left[X^*(\gamma)'X^*(\gamma)\right]^{-1}X^*(\gamma)'Y^* \tag{5-17}$$

回归残差向量为：

$$\hat{e}(\gamma) = Y^* - X^*(\gamma)\hat{\beta}(\gamma) \tag{5-18}$$

残差平方和为：

$$S_1(\gamma) = \hat{e}^*(\gamma)'\hat{e}^*(\gamma) = Y^{*'}\left\{I - X^*(\gamma)'\left[X^*(\gamma)'X^*(\gamma)\right]^{-1}X^*(\gamma)'\right\}Y^* \tag{5-19}$$

最小门限估计值即：

$$\hat{\gamma} = \arg\min S_1(\gamma) \tag{5-20}$$

残差方差为：

$$\hat{\sigma}^2 = \frac{1}{n(T-1)}\hat{e}^{*'}\hat{e}^* = \frac{1}{n(T-1)}S_1(\hat{\gamma}) \tag{5-21}$$

接下来，对模型的显著性和置信区间进一步检验。

借鉴蔡艳萍和陈浩琦（2019）、万良勇和李宸（2021）的研究设计，进一步建立门限模型，选取企业规模（Size）和股权激励（Stock）分别作为门限变量。单一门限回归模型如式（5-22）所示。

$$TQA_{it} = \beta_0 + \beta_1 Fin_{it-1}I(q_{it} \leq \gamma) + \beta_2 Fin_{it-1}I(q_{it} > \gamma) + \sum \beta_3 Control_{it-1} + e_{it} \tag{5-22}$$

其中，q 代表门限变量，分别为企业规模（Size）、股权激励（Stock）；γ 代表门限值。此外，被解释变量和门限变量为当期值，解释变量和控制变量为滞后一期的值。

三、企业金融化增长效应实证结果与解释

（一）变量的描述性统计

表 5-2 给出了所涉及变量的描述性统计结果，包含均值、标准差、最小值、最大值和中位数①。其中，非金融企业金融化的均值为 0.023，最大值为 0.398，表明金融资产占总资产的比重已不可忽视，金融资产投资在非金融企业投资活动中占据重要位置，但企业金融化的中位数为 0.000，说明样本企业中有一半的企业对金融资产的持有占比较少，企业金融化并未形成统一趋势。企业价值的均值为 1.912，标准差为 1.151，表明企业价值具有一定的差异性，各因素对企业价值的影响作用在实证分析上可能存在较明显结果。在各变量中，股权激励的标准差较大，达到 15.125，说明在样本期内股权激励的波动程度较大，异质性明显，选择此变量作为门限变量存在可操作性。

表 5-2　中国非金融企业金融化的企业价值增长效应中变量的描述性统计

变量名称	观测个数	均值	标准差	最小值	最大值	中位数
Fin	13020	0.023	0.076	0.000	0.398	0.000
TQA	13020	1.912	1.151	0.000	6.960	1.559
Cash	13020	15.875	7.690	0.000	23.664	18.964
Gain	13020	1.026	5.245	−15.502	19.116	0.000
Lev	13020	0.427	0.200	0.047	0.839	0.428
Fixed	13020	20.607	1.619	16.019	24.719	20.475
Inten	13020	2.243	1.776	0.000	11.120	1.763
Sus	13020	0.064	0.061	−0.021	0.290	0.050
Age	13020	2.296	0.710	0.000	3.258	2.398

---

① 描述性统计中，除标准差外，其余单位均为%。

变量名称	观测个数	均值	标准差	最小值	最大值	中位数
Growth	13020	0.156	0.308	-0.419	1.703	0.102
Size	13020	22.397	1.323	19.984	26.330	22.208
Stock	13020	56.697	15.125	24.790	90.660	56.820

（二）企业金融化的动机分析

表5-3展示了在不同信息集下现金流入和金融收益对企业金融化的作用结果，模型（5-9）在行业和时间固定效应下，回归（1）、（3）是同时加入了单一解释变量和控制变量后得出的回归结果，回归（2）、（4）是仅纳入单一解释变量时对企业金融化的影响结果，回归（5）是将两个解释变量和控制变量同时加入后，得到的回归结果。

从回归（1）的结果来看，滞后一期的现金收入对企业金融化的影响系数虽然为正，但并不显著；回归（2）中仅包含滞后一期的现金流入和企业金融化时，解释变量系数保持不变，但在5%的水平下显著。从回归（3）、（4）的结果来看，滞后一期的金融收益对企业金融化的影响系数在1%的统计水平下显著为正。回归（5）中两个解释变量对企业金融化的影响系数分别为0.0002和0.0062，且分别在10%和1%的水平下显著。

整体来看，中国非金融企业金融化的动机主要表现为市场套利动机，虽然资金管理动机存在，但是相较于市场套利动机而言较不明显，证明了假设8成立。

表5-3 中国非金融企业金融化动机的回归分析

	(1) Fin	(2) Fin	(3) Fin	(4) Fin	(5) Fin
L. Cash	0.0002 (1.25)	0.0003** (2.36)			0.0002* (1.75)

续表

	（1） Fin	（2） Fin	（3） Fin	（4） Fin	（5） Fin
L. Gain			0.0062 *** （12.79）	0.0068 *** （13.64）	0.0062 *** （12.80）
L. Lev	-0.0262 ** （-2.38）		-0.0214 ** （-2.50）		-0.0207 ** （-2.42）
L. Size	0.0043 * （1.96）		0.0031 * （1.78）		0.0032 * （1.85）
L. Fixed	-0.0063 *** （-2.64）		-0.0047 ** （-2.50）		-0.0050 *** （-2.63）
L. Inten	0.0002 （1.30）		0.0001 （1.02）		0.0001 （1.03）
L. Sus	0.0017 （0.41）		-0.0001 （-0.05）		-0.0007 （-0.27）
L. Age	0.0379 *** （9.79）		0.0282 *** （8.70）		0.0281 *** （8.68）
L. Stock	-0.0000 （-0.05）		0.0000 （0.06）		0.0000 （0.03）
L. Growth	-0.0002 * （-1.69）		-0.0002 ** （-1.97）		-0.0002 ** （-1.98）
常数项	-0.0180 （-1.51）	0.0043 （0.44）	-0.0124 （-1.51）	0.0034 （0.57）	-0.0125 （-1.51）
行业效应	Yes	Yes	Yes	Yes	Yes
年度效应	Yes	Yes	Yes	Yes	Yes
样本量	13020	13020	13020	13020	13020
adj. R^2	0.174	0.092	0.355	0.312	0.355

注：L. 表示滞后一期；括号内为 t 值；***、**、*分别代表在 1%、5%和 10%的水平下显著；由于系数值普遍较小，为保证结果更为清晰，故保留小数点后四位。

（三）企业金融化与企业价值的非线性关系

利用企业价值托宾 Q 值 A（TQA）的当期值作为被解释变量，企业金融化（Fin）滞后一期的值及其平方项作为解释变量。运用模型（5-10）进行回归分析，结果如表5-4所示。

表5-4 中的第（1）列中解释变量——滞后一期的企业金融化（L. Fin）的回归系数在5%的水平下显著为负，在第（2）列加入解释变量企业金融化的二次方项后，该平方项的估计系数为3.427，且在1%的统计水平上显著。结果表明，企业金融化与企业价值之间存在非线性关系，且表现为正"U"型关系，证明了假设9成立。样本区间内，当企业金融化达到一定水平时，企业价值会随着企业金融化程度的增高而提升，出现这种结果的原因可能是非金融企业对金融资产的持有度仍处于较低水平，虽然企业出于市场套利动机对金融资产进行投资，但是避免了投资不足的风险，同时增加了来自金融渠道的收益，企业的价值得以提升。

表5-4 中国非金融企业金融化与企业价值非线性关系的估计结果

	(1) TQA	(2) TQA
L. Fin	−0.585** (−2.39)	−2.045*** (−3.99)
Square_ L. Fin		3.427*** (3.20)
L. Lev	−1.601*** (−13.79)	−1.598*** (−13.83)
L. Size	0.038* (1.89)	0.038* (1.91)
L. Fixed	−0.041* (−1.87)	−0.040* (−1.86)

续表

	（1） TQA	（2） TQA
L. Inten	−0.001 （−1.22）	−0.001 * （−1.87）
L. Sus	0.353 （1.26）	0.351 （1.26）
L. Age	0.273 *** （7.20）	0.285 *** （7.48）
L. Stock	0.005 *** （3.25）	0.005 *** （3.09）
常数项	2.821 *** （7.94）	2.808 *** （7.93）
行业效应	Yes	Yes
年度效应	Yes	Yes
样本量	13020	13020
adj. R^2	0.286	0.288

注：L. 表示滞后一期；括号内为 t 值；*** 、** 、* 分别代表在 1%、5% 和 10% 的水平下显著。

在假设 9 得以证明的基础上，对企业金融化与企业价值之间的关系进行进一步检验，以企业规模（Size）和股权激励（Stock）作为门限变量，分别设置单一门限和双门限进行门限回归分析。由于门限回归需要保证样本为平衡面板数据，为保证面板数据的平稳性，在原样本的基础上剔除企业价值为 0 的样本，共得到 1055 家企业的 9594 个观测值。门限值估计结果如表 5-5 所示，模型（5-22）分别利用企业规模（Size）进行单一门限回归，利用股权激励（Stock）进行双门限回归①。

---

① 在对门限变量企业规模（Size）及股权激励（Stock）的门限个数进行确定时，Size 的双门限回归和 Stock 的单一门限回归未通过稳健性检验，因此未将结果置于正文，具体结果可见附录 B 中的表 B4—B8。

表5-5　中国非金融企业金融化增长效应的门限值估计结果

门限变量	门限值 Threshold1	门限值 Threshold2
Size	20.930 [20.836, 20.941]	
Stock	53.127 [53.010, 53.220]	71.280 [69.935, 71.460]

注：括号内为门限值95%的置信区间。

企业规模（Size）作为门限变量时，得到的门限回归结果如表5-6所示，结果表明，企业金融化程度与企业价值之间存在单门限效应，企业金融化在第一阈值内的系数为3.267，在1%的水平下显著，在第二阈值内的系数为-0.374，但并不显著。这说明当企业规模（Size）小于20.930时，企业金融化与企业价值呈显著正相关，企业金融化程度越高，对企业价值的正向影响越大；而当企业规模（Size）位于第二阈值内，即企业规模变量值一旦大于20.930时，企业金融化与企业价值呈不显著的负相关，虽然在统计意义上不显著，但在经济意义上可以看出，此时企业金融化水平提高，反而会降低企业价值。

表5-6　门限变量为企业规模（Size）时的单门限回归结果

变量	系数	标准误差	T值	P值	95%置信区间
L.Fin_1 ($q_{it} \leqslant \gamma$)	3.267	0.695	4.70	0.000	[1.905, 4.630]
L.Fin_2 ($q_{it} > \gamma$)	-0.374	0.402	-0.93	0.352	[-1.163, 0.414]
L.Lev	-0.092	0.100	-0.92	0.358	[-0.288, 0.104]
L.Fixed	-0.140	0.020	-7.06	0.000	[-0.179, -0.101]
L.Inten	-0.078	0.010	-7.42	0.000	[-0.098, -0.057]
L.Sus	1.389	0.175	7.93	0.000	[1.046, 1.733]
L.Age	0.341	0.029	11.91	0.000	[0.285, 0.397]

续表

变量	系数	标准误差	T 值	P 值	95%置信区间
L. Stock	−0.002	0.001	−1.79	0.074	[−0.005, 0.000]
常数项	4.331	0.370	11.70	0.000	[3.606, 5.057]

　　股权激励（Stock）作为门限变量时，将小于 53.127 定义为低股权激励，介于 53.127 和 71.280 之间定义为中等股权激励，大于 71.280 定义为高股权激励，得到的门限回归结果如表 5-7 所示，结果表明，企业金融化程度与企业价值之间存在双门限效应，当非金融企业处于低股权激励时，企业金融化的系数为 0.404，但不显著；当非金融企业处于中等股权激励时，企业金融化系数为 1.162，且在 1%的水平下显著，此时企业提高金融化水平，会明显提升企业价值；当非金融企业处于高股权激励时，企业金融化的系数为−1.047，且在 10%的水平下显著，此时加剧企业金融化带来的负面影响。

表 5-7　门限变量为股权激励（Stock）时的双门限回归结果

变量	系数	标准误差	T 值	P 值	95%置信区间
L. Fin_1 （$q_{it} \leqslant \gamma_1$）	0.404	0.414	0.97	0.330	[−0.408, 1.216]
L. Fin_2 （$\gamma_1 < q_{it} \leqslant \gamma_2$）	1.162	0.444	2.61	0.009	[0.291, 2.033]
L. Fin_3 （$q_{it} > \gamma_2$）	−1.047	0.618	−1.69	0.090	[−2.259, 0.164]
L. Lev	0.190	0.097	1.95	0.051	[−0.001, 0.380]
L. Fixed	0.101	0.022	4.58	0.000	[0.058, 0.144]
L. Inten	−0.027	0.010	−2.54	0.011	[−0.047, −0.006]
L. Sus	1.628	0.171	9.55	0.000	[1.293, 1.962]
L. Age	0.582	0.027	21.71	0.000	[0.530, 0.635]
L. Size	−0.598	0.027	−22.34	0.000	[−0.650, −0.545]
常数项	11.807	0.494	23.92	0.000	[10.839, 12.774]

(四) 稳健性检验

为了增强实证分析结果的可靠性,采用市值 B 计算企业价值 (TQB) 的当期值作为替换被解释变量,滞后一期的企业金融化 (Fin) 及其平方项作为解释变量,再重新进行回归。

结果如表 5-8 所示,企业金融化平方项的系数为 2.784,且在 5%的水平下显著,企业金融化一次项的系数为 -1.636,且在 1%的水平下显著,说明企业金融化与企业价值之间存在正 U 型的非线性关系,与表 5-4 所得结果一致,进一步证实了假设 9 的成立。

表 5-8　TQB 值作为替换变量的非线性关系估计结果

	(1) TQB	(2) TQB
L. Fin	-0.449^{*} (-1.76)	-1.636^{***} (-3.11)
Square_L. Fin		2.784^{**} (2.55)
L. Lev	-1.922^{***} (-14.11)	-1.919^{***} (-14.12)
L. Size	0.004 (0.14)	0.004 (0.14)
L. Fixed	-0.070^{***} (-2.67)	-0.070^{***} (-2.66)
L. Inten	-0.001 (-1.27)	-0.001^{*} (-1.71)
L. Sus	0.586 (1.28)	0.584 (1.28)
L. Age	0.062 (1.43)	0.072 (1.63)

续表

	（1） TQB	（2） TQB
L. Stock	0.010 *** （6.04）	0.010 *** （5.93）
常数项	4.916 *** （13.67）	4.906 *** （13.68）
行业效应	Yes	Yes
年度效应	Yes	Yes
样本量	13020	13020
adj. R2	0.369	0.370

注：L. 表示滞后一期；括号内为 t 值；*** 、** 、* 分别代表在 1%、5% 和 10% 的水平下显著。

进一步对企业金融化与企业价值（TQB）进行门限回归分析，得到企业规模（Size）和股权激励（Stock）的门限值如表 5-9 所示，门限回归结果如表 5-10、表 5-11 所示。

表 5-9　TQB 值作为替换变量的门限值估计结果

门限变量	门限值 Threshold1	门限值 Threshold2
Size	20.930 ［20.672，20.941］	
Stock	53.127 ［51.700，53.220］	59.905 ［59.770，60.030］

注：括号内为门限值 95% 的置信区间。

表 5-10　TQB 值作为替换变量，企业规模（Size）作为门限变量的单门限回归结果

变量	系数	标准误差	T 值	P 值	95% 置信区间
L. Fin_1 （$q_{it} \leqslant \gamma$）	3.221	0.879	3.66	0.000	［1.498，4.945］

续表

变量	系数	标准误差	T 值	P 值	95%置信区间
L. Fin_2 ($q_{it}>\gamma$)	-0.552	0.509	-1.08	0.278	[-1.550, 0.446]
L. Lev	-0.205	0.126	-1.62	0.105	[-0.453, 0.043]
L. Fixed	-0.183	0.025	-7.28	0.000	[-0.232, -0.134]
L. Inten	-0.079	0.013	-6.00	0.000	[-0.105, -0.053]
L. Sus	1.723	0.221	7.77	0.000	[1.288, 2.158]
L. Age	0.219	0.036	6.06	0.000	[0.148, 0.290]
L. Stock	0.002	0.002	1.36	0.174	[-0.001, 0.005]
常数项	5.498	0.468	11.74	0.000	[4.580, 6.416]

表 5-11　TQB 值作为替换变量，股权激励（Stock）
作为门限变量的双门限回归结果

变量	系数	标准误差	T 值	P 值	95%置信区间
L. Fin_1 ($q_{it}\leqslant\gamma_1$)	0.224	0.527	0.43	0.671	[-0.809, 1.257]
L. Fin_2 ($\gamma_1<q_{it}\leqslant\gamma_2$)	1.697	0.619	2.74	0.006	[0.484, 2.910]
L. Fin_3 ($q_{it}>\gamma_2$)	0.325	0.603	0.54	0.590	[-0.857, 1.508]
L. Lev	0.076	0.123	0.61	0.540	[-0.166, 0.318]
L. Fixed	0.113	0.028	4.05	0.000	[0.058, 0.168]
L. Inten	-0.016	0.013	-1.18	0.239	[-0.042, 0.010]
L. Sus	2.088	0.216	9.65	0.000	[1.664, 2.512]
L. Age	0.458	0.034	13.45	0.000	[0.391, 0.525]
L. Size	-0.708	0.034	-20.85	0.000	[-0.775, -0.641]
常数项	11.807	0.494	23.92	0.000	[10.839, 12.774]

　　结果显示，采用 TQB 替换被解释变量后，企业规模作为门限变量的单门限回归结果与 TQA 作为被解释变量时的结果一致；股权激励作为门限变量的双门限回归结果中第三阈值下企业金融化对企业价值的影响系数虽然

为正，但并不显著，不具有统计学意义，且系数明显小于第二阈值下企业金融化的系数。因此，原门限回归结果是稳健有效的，各主要变量的结论未发生变化。

对比其他研究结果，在对企业金融化的动机进行研究时，杜勇、张欢和陈建英（2017）利用多元回归分析，认为实体企业金融化对未来主业业绩的净效应取决于企业金融化"蓄水池效应"和"挤出效应"的相对大小，实证结果说明，实体企业金融化对未来主业业绩存在负效应，即挤出效应占主导；蔡艳萍和陈浩琦（2019）利用固定效应回归验证了企业金融化与现金流、金融投资收益之间的关系，所得回归结果表明金融收益越高，实体企业金融资产的投资规模越大，现金流对企业的金融投资行为未呈现显著影响，证实了实体企业金融化是出于市场套利动机，否定了企业金融化的资金管理动机。在研究企业金融化对企业发展的影响时，倪志良等（2019）通过OLS回归和IV-GMM回归证明了，实体企业金融化的"蓄水池效应"小于挤出效应，金融化在一定程度上损害了实体企业的主业业绩；周剑南和王志涛（2020）发现金融化能显著恶化企业未来财务状况，并加剧了实体企业陷入财务困境的可能性；李明玉（2020）提出金融化出于"资本积累动机"时，对企业价值是呈正向影响，而出于"市场套利动机"时，对企业价值具有抑制作用。

虽然已有文献的实证研究中对变量的选取存在差异，但本章所得结论与已有文献一致，都证明了中国非金融企业金融化的市场套利动机，以及随着非金融企业金融化水平的提高，可能对企业的发展产生负向影响。通过与既有文献的对比，在进一步加强本章实证结果可信度的同时，也说明了当前中国实体企业防范过度金融化、推进"脱虚向实"的必要性。

综上所述，本章通过对2010—2019年中国A股上市非金融企业的面板数据进行分析得出，第一，中国非金融企业的企业金融化动机更多是出于市场套利动机，即非金融企业的企业金融化是出于追逐更高金融收益而形成的。第二，企业金融化与企业价值之间存在门限效应，从企业规模的角度来看，企业规模较小的企业，企业金融化对企业价值的正向影响更明显，企业规模越大，企业金融化对企业价值反而可能产生一定的负向影响；从股权激励的角度来看，股东持股比例越高，企业金融化对企业价值的正向作用越大，但当股东持股比例高于七成水平时，企业金融化对企业价值的影响由正转负。这是因为，对样本区间内的中国非金融企业来说，对金融资产的分配是由于投资金融资产所得收益较高，在进行管理决策时，受股东激励影响，更偏向于选择金融资产投资，但由于规模较小的企业受限于其融资能力，对有限资产的投资分配会经过更为慎重全面的考虑，使金融资产的分配决策具有更高的有效性。

结论与启示

一、基本结论

中国经济金融化与经济增长之间存在着不可忽略的联动关系。深入理解经济金融化的本质，并从不同层面探讨中国经济金融化对经济增长的动态影响，对于中国经济转型和金融供给侧结构性改革具有重要意义。

本书通过梳理经济金融化的基本理论、界定经济金融化的含义，构建中国经济金融化的指标体系，用以刻画中国经济金融化进程及演化特征；在此基础上，本书运用多种实证模型，分别考察中国经济金融化对实体经济增长、区域经济增长、企业价值增长的影响。本书由此得到的主要发现如下：

第一，中国经济金融化是在波动中逐渐提高的动态进程。中国经济金融化指数在样本初期的 2002 年第一季度为 -2.357，在样本末期的 2019 年第四季度为 3.009（亦为样本期内最大值），据此刻画的中国经济金融化程度大幅上升。但在 72 个季度的样本期间，中国经济金融化指数波动较大，出现了四个谷值、峰值。中国经济金融化指数于 2005 年第一季度跌至第一个谷值 -2.871，为样本期内的最低值，于 2007 年第四季度达到第一个峰值 -0.176；随后，2008 年第二季度跌至第二个谷值 -0.970，2008 年第四季度后才由负转正，于 2009 年第二季度达到第二个峰值 1.401；此后，该指数持续回落至 2013 年第四季度，2011 年第三季度跌至第三个谷值 -0.703，2016 年第二季度达到第三个峰值 2.669；2018 年第三季度出现第四个谷值 1.088，2019 年第四季度达到样本期内最高值 3.009。

与这些谷峰值相对应，中国经济金融化进程可以划分为快速增长（2002 年第一季度至 2009 年第二季度）、短暂回落（2009 年第三季度至 2013 年第四季度）、高速增长（2014 年第一季度至 2016 年第二季度）、大起大落（2016 年第三季度至 2019 年第四季度）四个阶段。因此，在波动中逐渐上升、沿革阶段性明显是中国经济金融化进程的主要演化特征。

第二，当前中国经济金融化程度应结合现实合理下调，以实现增长效应最大化。门限效应显示，在样本区间内，经济金融化的变动值小于 -0.420（含）、处于 -0.420 和 -0.378（含）之间、大于 -0.378 时，对实体经济增长的影响系数分别为 0.041、达到最大（0.058）、降至最小（0.016）。因此，中国经济金融化对实体经济增长的影响效果并不会一直保持强劲的促进效应，经济金融化只有处于合适的降幅区间才能最大化其对经济增长的增进效应。

时变效应显示，中国经济金融化对实体经济增长的短期冲击更为强烈，随着时间的推移，冲击逐渐减弱，且冲击的力度和方向存在差异。在快速发展阶段，中国经济金融化对实体经济增长大致呈负向冲击，2008 年前后的负效应最强；在短暂回落阶段，冲击效应由负转正，经济金融化降低促进了实体经济增长；在高速增长阶段，经济金融化升高，对实体经济的正效应逐渐转弱；大起大落阶段，虽然经济金融化有所下降，但是仍保持较高水平，它对实体经济增长呈微弱的正向冲击；随着程度提高，正向冲击减弱，长期甚至会产生负效应。

第三，区域经济金融化对经济增长的影响存在差异性、不平衡性。中国区域经济金融化发展不平衡，它对各区域经济增长的影响也不同。样本数据显示：西部地区的影响系数为 -0.047，是明显的负向影响；中部地区的影响系数为 -0.010，具有不明显的促退效应；东北地区的影响系数为 0.265，促进作用最大；东部地区经济金融化水平最高，但它的影响系数仅为 0.120，低于东北地区。这说明，经济金融化程度越高，增长效应不一定越明显，适度的区域经济金融化才能最大限度地促进经济增长，东部地区需警惕经济金融化过度的问题出现。

对全样本数据进行估计发现，在样本期间内，经济金融化对区域经济增长具有较为明显的促进作用，但 2008 年之后的促进效应减弱。其原因可能是 2008 年经济危机发生后，中国金融业不可避免地受到冲击和波及，金融市场发生动荡，金融业对经济增长的拉动作用相应减弱；此后虽然中国经济金融化程度提高，但是对实体经济产生挤压，在一定程度上损害经济增长。

第四，中国非金融企业金融化多是出于市场套利动机，且与企业价值之间存在正 U 型的非线性关系。在样本区间内，金融收益、现金流入对非金融企业金融化的影响系数分别为 0.0062、0.0002，这表明中国非金融企业金融化的动机主要表现为市场套利动机，虽然存在资金管理动机，但是相较于市场套利动机并不明显。引入滞后一期非金融企业金融化的平方项后，对企业价值的影响系数为 3.427，证明非金融企业金融化与企业价值之间呈正 U 型的非线性关系。在样本区间内，当企业金融化达到一定水平时，企业价值会随着企业金融化程度的增加而提升，这种结果的原因可能是中国非金融企业对金融资产的持有度仍处于较低水平，企业出于市场套利动机对金融资产进行投资，可以在规避投资不足风险的同时，增加来自金融渠道的收益，企业价值得以提升。

分别以企业规模和股权激励作为门限变量进行门限回归分析发现，虽然非金融企业金融化会对企业价值起到一定的促进作用，但规模较小的企业，企业金融化对企业价值的正向影响更明显，企业规模越大，企业金融化对企业价值反而可能产生一定的负向影响；同样，股东激励只有处于合理阈值时，企业金融化对企业价值的正效应才能达到最优，当股权激励过低时，企业金融化对企业价值的正效应不再明显，而股权激励过高时，企业金融化对企业价值的影响由正转负。这是因为，中国非金融企业在进行管理决策时，受股东激励影响，更偏向于选择金融资产投资，但由于规模较小的企业面临更大的融资约束和更小的风险承担能力，在对有限资产进行投资分配时，会经过更为慎重全面的考虑，使金融资产分配决策的执行效果更佳。

二、政策启示

上述研究发现表明，在一定区间、范围或限度内，经济金融化对实体经济增长、对区域经济增长、对企业价值增长是有益的，因此，对于经济金融化，既不能一味推崇，也不能简单否定。在中国特色社会主义新时代，必须深入推进金融供给侧结构性改革，把控经济金融化的"度"，提升经济实体化的"质"；金融部门必须回归本源，坚持金融服务于实体经济增长和区域经济协调发展，引导非金融企业聚焦主业、创造价值，助力中国经济高质量发展。

1. 构建金融有效支持实体经济的体制机制

金融是现代经济的核心，也是实体经济的血脉。为彻底解决实体经济的融资困境，需要深化金融供给侧结构性改革，注重打通货币政策传导机制，引导金融机构增加对实体经济的信贷投放，鼓励资本市场扩大直接融资规模，增强金融脱虚向实的动力，提升金融对实体经济的服务意识和支持力度。

一是供给侧结构性改革要以发展实体经济为着力点。中国实体经济中仍有一定比例的企业处于领域低端，且存在产能过剩、生产低效、过度占用政府补贴或银行贷款等资源的问题，挤占了实体部门中其他新兴产业的有效需求，资源被浪费。基于中国国情，通过大量投入资本、劳动力等生产要素来达到经济增长目的的模式已不能适配高质量经济发展，目前亟须转变为创新驱动型的增长模式，对实体经济的产业结构升级。通过创新制度、机制、管理模式、技术等方式，降低交易成本，突破要素市场化配置的约束，营造良好的金融环境，防范经济金融化过度发展，全方位激发市场主体的活力，最终实现新旧动能转换，实现高质量供给与消费升级的需求相匹配，从而促进实体经济增长。

二是在实施供给侧结构性改革的过程中，合理把握"去杠杆"的尺度，避免快速降杠杆而酿成的风险。较高水平的经济金融化催生了实体经济的高杠杆，实体经济的高杠杆又反作用于经济金融化，造成了经济金融化水平的进一步升高，资产泡沫化愈加严重，实体部门债务规模增加，金融机构风险上升等问题，而且受实体部门债务负担影响，实体部门的盈利能力被削弱。"去杠杆"无疑是防范金融风险的有效手段，但面对债务规模增加的不同原因，对实体经济实施"去杠杆"要采取松紧适度的针对性措施，尽可能地保证整治过程的平稳过渡，避免对杠杆的矫枉过正，即避免大幅降低经济金融化水平所带来的负向影响。因此，要引导金融机构优化信贷结构，支持国民经济重点领域和薄弱环节，严控信贷资金流向"僵尸企业"，加快对"僵尸企业"的兼并重组、破产清算。同时，加强对房地产市场的调控，规避房地产价格泡沫破裂引发的连锁效应等。

三是鼓励金融科技创新，降低金融服务实体经济的成本，提升服务效率。当前中国经济增长模式逐渐转变为创新驱动型增长模式，基于大数据、人工智能、云计算、区块链等技术创新的金融科技被大范围地应用于如财富管理、支付清算、融资借贷等方面，打破了传统金融行业的发展模式，逐渐向金融的科技化方向转型。通过利用大数据、云计算等技术，将金融数据进行可视化处理，加快了信息整合的速度，降低了由于信息不对称产生的风险；区块链技术中不依赖第三方的去中心化、数据不可伪造的安全性、公开透明的开放性等特征在夯实了金融机构投资、贷款等交易信任基础的同时，实现了资金支持与实体经济的直接对接，降低了服务成本；人工智能、大数据与金融领域相融合，对金融用户进行标签化处理，对用户和所需金融服务精准匹配，大大提高了服务效率，用户的服务体验也相应升级。

2. 推动金融服务区域经济协调发展

中国区域经济发展不平衡，金融资源的分布存在区域差异。东部地区作为中国四大区域中金融市场和金融监管制度发展最完备的区域，对金融资源的吸引力最大，容易引起区域内的过度集聚，不仅会降低自身的金融效率，也会对附近相对不发达的区域产生负面溢出影响，如对经济金融化进程的抑制、金融市场竞争的加剧等。

为了从根源上解决经济金融化对区域经济增长影响作用的不平衡性，推动金融服务区域经济协调发展，中央政府在进行宏观调控时，就要根据不同区域的特点和比较优势，制定差异化政策，引导金融机构适度加大对东北、中、西部地区资金支持的力度，合理平衡金融资源的空间布局，优化结构分布。同时，欠发达地区政府要积极优化营商环境，深化金融"放管服"改革，加强金融基础设施建设，推进经济金融信息共享等工作，为吸引、留住金融资源以及支持更多企业上市融资，创造更加适应的环境和条件。比如加大对金融机构在债权保全、资产接收、资产处置等环节的政策支持，加大对失信人的惩戒力度；引导企业充分借助多层次资本市场进行融资，支持符合条件的企业发行公司信用类债券、资产证券化产品融资；鼓励社会资本积极参与政府产业引导基金，带动创新资本形成等。此外，要加强地方政府之间的交流与合作。这不仅能弱化区域间金融化的竞争效应，而且还可提高资金的跨区域利用效率。

3. 完善非金融企业的经营机制

企业是最重要的市场主体，是社会财富的创造者。完善非金融企业经营机制，促进企业价值增长，需要从以下两点把握：

一是优化股权结构，完善公司治理机制。股权结构是公司治理的基础，决定着公司的经营决策，尤其是大股东的动机和风险偏好对公司的发展方向有着重要影响。过高的股权集中度容易产生利益不均衡的问题，从而驱使大股东出于利己目的做出不利于企业持续创新的决定，如过度追求市场套利的行为。通过优化股权结构，完善公司治理机制，调整股权激励模式，对股东进行监管和制衡，可以从利益源头上对大股东行为进行规范和约束，避免企业过度金融化，减少市场套利的短视行为，提升企业决策的科学性。

二是聚焦主营业务，加强科技创新。面对市场经济的激烈竞争，生产科技含量较高的复杂性产品，可以增强非金融企业的市场竞争力，为企业价值增长赢得机会。因此，非金融企业要坚持战略定力，聚焦主营业务，挖掘自有资金和人力资源潜力，研发具有科技含量、市场需要的产品，满足客户需求；金融部门要为非金融企业进行技术创新和研发投资提供融资便利，推动非金融企业提高科技含量，提供良好的投资机会弥补产业资本空缺；政府设立专项资金补贴，引导、支持非金融企业进行技术改造，激发公司管理层聚焦主营业务的信心，保证非金融企业有足够的动机进行扩大再生产，从而提高企业的创新力和核心竞争力。

参考文献

[1] Abel A B. Empirical Investment Equations: An Integrative Framework [J]. Carnegie-Rochester Conference Series on Public Policy, 1980, 12 (1): 39-91.

[2] Aglietta M. Shareholder Value and Corporate Governance: Some Tricky Questions [J]. Economy and Society, 2000, 29 (1): 146-159.

[3] Allen F, Gale D. Comparative Financial Systems: A Survey [R]. University of Pennsylvania: Wharton School Center for Financial Institutions, 2001.

[4] Alquist R, Gervais O. The Role of Financial Speculation in Driving the Price of Crude Oil [J]. The Energy Journal, 2013, 34 (3): 35-54.

[5] Arcand J L, Berkes E, Panizza U. Too Much Finance? [J]. Journal of Economic Growth, 2015 (20): 105-148.

[6] Arellano M, Bond S. Some Tests of Specification for Panel Data: Monte Carlo Evidence and an Application to Employment Equations [J]. The Review of Economic Studies, 1991, 58 (2): 277-297.

[7] Arellano M, Bover O. Another Look at the Instrumental Variable Estimation of Error-components Models [J]. Journal of Econometrics, 1995, 68 (1): 29-51.

[8] Arestis P, DemetriadesP, Luintel K. Financial Development and Economic Growth: The Role of Stock Markets [J]. Journal of Money, Credit and Banking, 2001, 33 (1): 16-41.

[9] Arizala F, Cavallo E, Galindo A. Financial Development and TFP Growth: Cross-country and Industry-level Evidence [J]. Applied Financial Eco-

nomics, 2013, 23 (6): 433-448.

[10] Arrighi G. The Long Twentieth Century: Money, Power, and the Origins of Our Times [M]. London: Verso, 1994.

[11] Barradas R. Financialisation and Real Investment in the European Union: Beneficial or Prejudicial Effects? [J]. Review of Political Economy, 2017, 29 (3): 376-413.

[12] Beck T, Levine R E, Loayza N. Finance and the Sources of Growth [R]. World Bank Policy Research Working Paper No. 2057, 1999.

[13] Beck T, Demirguc-Kunt A and Levine R. Law, Endowments, and Finance [J]. Journal of Financial Economics, 2003, 70 (2): 137-181.

[14] Blanchard O J, Quah D. The Dynamic Effects of Aggregate Demand and Supply Disturbances [J]. The American Economic Review, 1989, 79 (4): 655-673.

[15] Blundell R, Bond S. Initial Conditions and Moment Restrictions in Dynamic Panel Data Models [J]. Journal of Econometrics, 1998, 87 (1): 115-143.

[16] Bond S R, Meghir C. Dynamic Investment Models and the Firm's Financial Policy [J]. Review of Economic Studies, 1994, 61 (2): 197-222.

[17] Bonfiglioli A. Financial Integration, Productivity and Capital Accumulation [J]. Journal of International Economics, 2008, 76 (2): 337-355.

[18] Boyer R. Is a Finance-led Growth Regime a Viable Alternative to Fordism? A Preliminary Analysis [J]. Economy and Society, 2000, 29 (1): 111-145.

[19] Bruno V G, Buyuksahin B, Robe M A. The Financialization of Food? [J]. American Journal of Agricultural Economics, 2017, 99 (1): 243-264.

[20] Buera F J, Kaboski J P. Scale and the Origins of Structural Change [J]. Journal of Economic Theory, 2012, 147 (2): 684-712.

[21] Cecchetti S, Kharroubi E. Reassessing the Impact of Finance on Growth [R]. BIS Working Paper No. 381, 2012.

[22] Christopoulos D K, Tsionas E G. Financial Development and Economic Growth: Evidence from Panel Unit Root and Cointegration Tests [J]. Journal of

Development Economics, 2004, 73 (1): 55-74.

[23] Cogley T, Sargent T J. Drifts and Volatilities: Monetary Policies and Outcomes in the Post WWII US [J]. Review of Economic Dynamics, 2005, 8 (2): 262-302.

[24] Crotty J, Epstein G. In Defence of Capital Controls [J]. Socialist Register, 1996, 32 (32): 118-149.

[25] Crotty J. The Neoliberal Paradox: The Impact of Destructive Product Market Competition and Impatient Finance on Nonfinancial Corporations in the Neoliberal Era [J]. Review of Radical Political Economics, 2003, 35 (3): 271-279.

[26] Demir F. Financial Liberalization, Private Investment and Portfolio Choice: Financialization of Real Section in Emerging Markets [J]. Journal of Development Economics, 2009, 88 (2): 314-324.

[27] Dore R. Financialization of the Global Economy [J]. Industrial and Corporate Change, 2008, 14 (6): 1097-1112.

[28] Dumenil G, Levy D. Neoliberal income trends: Wealth, Class and Ownership in the USA [J]. New Left Review, 2004, 30 (6): 105-133.

[29] Epstein G A, Power D. Rentier Incomes and Financial Crisis: An Empirical Examination of Trends and Cycles in Some OECD Countries [J]. Canadian Journal of Development Studies, 2003, 24 (2): 229-248.

[30] Epstein G A. Financialization and the World Economy [M]. Cheltenham: Edward Elgar, 2005.

[31] Feldman S J, McClain D, Palmer K. Sources of Structural Change in the United States, 1963-1978: An Input-Output Perspective [J]. The Review of Economics and Statistics, 1987, 69 (3): 503-510.

[32] Fine B. Locating Financialisation [J]. Historical Materialism, 2010, 18 (2): 97-116.

[33] Foster J B. The Financialization of Accumulation [J]. Monthly Review, 2010, 62 (5): 1-17.

[34] Foster J B. The Financialization of Capitalism [J]. Monthly Review,

2007, 58 (11): 1-12.

[35] Gehringer A. Growth, Productivity and Capital Accumulation: The Effects of Financial Liberalization in the Case of European Integration [J]. International Review of Economics and Finance, 2013, 25 (1): 291-309.

[36] Goldsmith R. Financial Structure and Development [M]. Yale University Press, 1969.

[37] Hall S. Geographies of Money and Finance II: Financialization and Financial Subjects [J]. Progress in Human Geography, 2012, 36 (3): 403-411.

[38] Hansen B E. Instrumental Variable Estimation of a Threshold Model [J]. Econometric Theory, 2004, 20 (5): 813-843.

[39] Hansen B E. Threshold Effects in Non-dynamic Panels: Estimation, Testing, and Inference [J]. Journal of Econometrics, 1999, 93 (2): 345-368.

[40] Hansen L P. Large Sample Properties of Generalized Method of Moments Estimators [J]. Econometrica, 1982, 50 (4): 1029-1054.

[41] Hansen P H. From Finance Capitalism to Financialization: A Cultural and Narrative Perspective on 150 Years of Financial History [J]. Enterprise and Society, 2014, 15 (4): 605-642.

[42] Hellmann T, Murdock K, Stiglitz J. Financial Restraint: Towards a New Paradigm [M]. // Aoki M, Kim H K, Okuno-Fujiwara M. The Role of Government in East Asian Economic Development Comparative Institutional Analysis. Oxford: Clarendon Press, 1997: 163-207.

[43] Henderson B J, Pearson N D, Wang L. New Evidence on the Financialization of Commodity Markets [J]. The Review of Financial Studies, 2015, 28 (5): 1285-1311.

[44] Huang H C, Lin S C, Kim D H, Yeh C C. Inflation and the Finance-growth Nexus [J]. Economic Modelling, 2010, 27 (1): 229-236.

[45] Hung F S. Inflation, Financial Development, and Economic Growth [J]. International Review of Economics & Finance, 2003, 12 (1): 45-67.

[46] Ibbotson R G, Chen Z, Kim D Y, Hu W Y. Liquidity as an Invest-

ment Style [J]. Financial Analysts Journal, 2013, 69 (3): 30-44.

[47] Irwin S H, Sanders D R. Financialization and Structural Change in Commodity Futures Markets [J]. Journal of Agricultural and Applied Economics, 2012, 44 (3): 371-396.

[48] Khanna T, Yafeh Y. Business Groups in Emerging Markets: Paragons or Parasites? [J]. Journal of Economic Literature, 2007, 45 (2): 331-372.

[49] Kotz D M. The Financial and Economic Crisis of 2008: A Systemic Crisis of Neoliberal Capitalism [J]. Review of Radical Political Economics, 2009, 41 (3): 205-317.

[50] Krippner G. The Financialization of the American Economy [J]. Socio-Economic Review, 2005, 3 (2): 173-208.

[51] Lapavitsas C. Theorizing Financialization [J]. Work, Employment and Society, 2011, 25 (4): 611-626.

[52] Lazonick M, O' Sullivan M. Maximizing Shareholder Value: A New Ideology for Corporate Governance [J]. Economy and Society, 2000, 29 (1): 13-35.

[53] Le Q, Zak P J. Political Risk and Capital Flight [J]. Journal of International Money and Finance, 2006, 25 (2): 308-329.

[54] Leaven L. Does Financial Liberalization Reduce Financing Constraints? [J]. Financial Management, 2003, 32 (1): 5-34.

[55] Leila D. Financialization, Shareholder Orientation and the Cash Holdings of US Corporations [J]. Review of Political Economy, 2018, 30 (1): 1-27.

[56] Levine R, Loayza N, Beck T. Financial Intermediation and Growth: Causality and Causes [J]. Journal of Monetary Economics, 2000, 46 (1): 31-77.

[57] Levine R. Financial Development and Economic Growth: Views and Agenda [J]. Journal of Economic Literature, 1997, 35 (2): 688-726.

[58] Lu Z, Zhu J, Zhang W. Bank Discrimination, Holding Bank Ownership, and Economic Consequences: Evidence from China [J]. Journal of Banking and Finance, 2012, 36 (2): 341-354.

[59] Magdoff H and Sweezy P M. Production and Finance [J]. Journal of

Monthly Review, 1983, 35 (1): 1-11.

[60] Mauro P. Corruption and Growth [J]. The Quarterly Journal of Economics, 1995, 110 (3): 681-712.

[61] Mayer J. The Growing Financialisation of Commodity Markets: Divergences between Index Investors and Money Managers [J]. Journal of Development Studies, 2012, 48 (6): 751-767.

[62] Mckinnon R I. Money and Capital in Economic Development [M]. Washington, D. C. : The Brookings Institution, 1973.

[63] Mckinnon R I. The Order of Economic Liberalization: Financial Control in the Transition to a Market Economy [M]. Johns Hopkins University Press, 1993.

[64] Milberg W, Shapiro N. Implications of the Recent Financial Crisis for Firm Innovation [J]. Journal of Post Keynesian Economics, 2013, 36 (2): 207-230.

[65] Milberg W. Shifting Sources and Uses of Profits: Sustaining US Financialization with Global Value Chains [J]. Economy and Society, 2008, 37 (3): 420-451.

[66] Nakajima J. Time-varying Parameter VAR Model with Stochastic Volatility: An Overview of Methodology and Empirical Applications [J]. Monetary and Economic Studies, 2011, 29: 107-142.

[67] Nalewaik J J. Current Consumption and Future Income Growth: Synthetic Panel Evidence [J]. Journal of Monetary Economics, 2006, 53 (8): 2239-2266.

[68] Orhangazi O. Financialisation and Capital Accumulation in the Non-financial Corporate Sector: A Theoretical and Empirical Investigation on the US Economy: 1973-2003 [J]. Cambridge Journal of Economics, 2008, 32 (6): 863-886.

[69] Palley T I. Financialization: What It Is and Why It Matters? [R]. The Levy Economics Institute of Bard College Working Paper, 2007, 58 (52):

525-530.

［70］Patrick H T. Financial Development and Economic Growth in Under-developed Countries ［J］. Economic Development & Cultural Change, 1966, 14 (2): 174-189.

［71］Pike A, Pollard J. Economic Geographies of Financialization ［J］. Economic Geography, 2010, 86 (1): 29-51.

［72］Rolnik R. Late Neoliberalism: The Financialization of Homeownership and Housing Rights ［J］. International Journal of Urban & Regional Research, 2013, 37 (3): 1058-1066.

［73］Rousseau P L, Wachtel P. Equity Markets and Growth: Cross-country Evidence on Timing and Outcomes, 1980-1995 ［J］. Journal of Banking and Finance, 2000, 24 (12): 1933-1957.

［74］Sawyer M. What is Financialization? ［J］. International Journal of Political Economy, 2014, 42 (4): 5-18.

［75］Seo H J, Kim H S, Kim Y C. Financialization and the Slowdown in Korean Firms' R&D Investment ［J］. Asian Economic Papers, 2012, 11 (3): 35-49.

［76］Shaw E. Financial Deepening in Economic Development ［M］. New York: Oxford University Press, 1973.

［77］Sims C A. Macroeconomics and Reality ［J］. Econometrica, 1980, 48 (1): 1-48.

［78］Stockhammer E. Shareholder Value Orientation and the Investment-profit Puzzle ［J］. Journal of Post Keynesian Economics, 2005, 28 (2): 193-215.

［79］Stockhammer E. Financialisation and the Slowdown of Accumulation ［J］. Cambridge Journal of Economics, 2004, 28 (5): 719-741.

［80］Sweezy P M, Magdoff H. The Dynamics of U. S. Capitalism ［M］. New York: Monthly Review Press, 1972: 13-26.

［81］Sweezy P M. More (or Less) on Globaliztion ［J］. Monthly Review, 1997, 49 (4): 3-4.

［82］Theurillat T, Corpataux J, Crevoisier O. Property Sector Financialization: The Case of Swiss Pension Funds（1992－2005）［J］. European Planning Studies, 2010, 18（2）: 189－212.

［83］Tobin J. Money and Economic Growth［J］. Econometrica, 1965, 33（4）: 671－684.

［84］Tong H. On a Threshold Model［M］//Chen C H. Pattern Recognition and Signal Processing. Netherlands: Sijthoff & Noordhoff, 1978: 575－586.

［85］Treeck T V. The Political Economy Debate on 'Financialization': A Macroeconomic Perspective［J］. Review of International Political Economy, 2009, 16（5）: 907－944.

［86］Vercelli A. Financialization in a Long－Run Perspective: An Evolutionary Approach［J］. International Journal of Political Economy, 2013, 42（4）: 19－46.

［87］白钦先. 经济全球化和经济金融化的挑战与启示［J］. 世界经济, 1999（6）: 11－19.

［88］保尔·拉法格. 保尔·拉法格的十八封信（一）［J］. 方光明, 译. 教学与研究, 1984（6）: 71－75.

［89］保尔·拉法格. 美国托拉斯及其经济、社会和政治意义［J］. 王子野, 易廷镇, 译. 国际经济评论, 1980（8）: 2－7.

［90］蔡艳萍, 陈浩琦. 实体企业金融化对企业价值的影响［J］. 财经理论与实践, 2019（3）: 24－31.

［91］蔡则祥, 王家华, 杨凤春. 中国经济金融化指标体系研究［J］. 南京审计学院学报, 2004（2）: 49－54.

［92］陈斌开, 陈琳, 谭安邦. 理解中国消费不足: 基于文献的评述［J］. 世界经济, 2014,（7）: 3－22.

［93］陈享光, 郭祎. 中国金融化发展对实体经济的影响［J］. 学习与探索, 2016（12）: 94－103.

［94］陈享光, 袁辉. 金融化积累机制的政治经济学考察［J］. 教学与研究, 2011（12）: 45－52.

[95] 成学真，龚沁宜．数字普惠金融如何影响实体经济的发展——基于系统 GMM 模型和中介效应检验的分析 [J]．湖南大学学报（社会科学版），2020（3）：59-67.

[96] 崔明．大宗商品金融化的动因、争议与启示 [J]．现代管理科学，2012（12）：87-89.

[97] 戴险峰．金融化 [M]．北京：经济管理出版社，2017：45-57.

[98] 邓超，许志勇．我国非金融企业的盈利模式与金融化策略 [J]．甘肃社会科学，2017（5）：228-232.

[99] 邓向荣，刘文强．金融集聚对产业结构升级作用的实证分析 [J]．南京社会科学，2013（10）：5-12，20.

[100] 杜勇，张欢，陈建英．金融化对实体企业未来主业发展的影响：促进还是抑制 [J]．中国工业经济，2017（12）：113-131.

[101] 范方志，张立军．中国地区金融结构转变与产业结构升级研究 [J]．金融研究，2003（11）：36-48.

[102] 高明华．中国企业经营行为内部制衡与经营绩效的相关性分析——以上市公司为例 [J]．南开管理评论，2001（5）：6-14.

[103] 龚勤林，宋明蔚．金融集聚的区域经济增长效应研究——基于省域面板数据的实证分析 [J]．云南财经大学学报，2021（4）：61-74.

[104] 郭克莎，杨阔．长期经济增长的需求因素制约——政治经济学视角的增长理论与实践分析 [J]．经济研究，2017（10）：4-20.

[105] 胡聪慧，燕翔，郑建明．有限注意、上市公司金融投资与股票回报率 [J]．会计研究，2015（10）：82-88，97.

[106] 黄贤环，王瑶，王少华．谁更过度金融化：业绩上升企业还是业绩下滑企业？[J]．上海财经大学学报，2019（1）：80-94，138.

[107] 杰奥瓦尼·阿锐基．漫长的 20 世纪：金钱、权力与我们社会的根源 [M]．姚乃强，严维明，韩振荣，译．南京：江苏人民出版社，2001：101-189.

[108] 黎贵才，赵峰，卢荻．金融化对经济增长的影响：作用机理与中国经验 [J]．中国人民大学学报，2021（4）：60-73.

［109］李稻葵，孔睿，伏霖．中国经济高增长融资之谜——国内非中介融资（DNI）研究［J］．经济学动态，2013（7）：19-35.

［110］李明玉．金融化必然抑制企业价值增长吗？——基于中国 A 股非金融上市公司的实证分析［J］．企业经济，2020（10）：146-156.

［111］李雯，王纯峰．中国金融发展对产业结构的影响——基于 271 个城市面板数据的实证分析［J］．工业技术经济，2018（7）：93-99.

［112］厉以宁．把区域经济发展经验上升为中观经济理论［N/OL］．南方日报，（2016-04-14）［2021-03-12］．http：//epaper. southcn. com/nfdaily/html/2016/04/14/content_7536120. htm.

［113］刘贯春，刘媛媛，张军．金融资产配置与中国上市公司的投资波动［J］．经济学（季刊），2019（2）：573-596.

［114］刘贯春，张军，刘媛媛．金融资产配置、宏观经济环境与企业杠杆率［J］．世界经济，2018（1）：148-173.

［115］刘金全．虚拟经济与实体经济之间关联性的计量检验［J］．中国社会科学，2004（4）：80-90，207.

［116］刘军，黄解宇，曹利军．金融集聚影响实体经济机制研究［J］．管理世界，2007（4）：152-153.

［117］刘仕保，鲍曙明．金融机构发展与经济增长的区域差异及动态关联——基于动态面板数据模型的分析［J］．财政研究，2014（5）：22-26.

［118］刘尧成，李想．金融周期、金融波动与中国经济增长——基于省际面板门槛模型的研究［J］．统计研究，2019（10）：74-86.

［119］卢宁．金融发展、技术进步与区域经济增长——基于欠发达地区的分析［J］．经济问题，2009（1）：3-8.

［120］鲁春义．基于 VAR 模型的中国金融化、垄断与收入分配关系研究［J］．经济经纬，2014（1）：142-148.

［121］鲁春义．经济金融化的理论机制及其实践——基于资本积累理论的视角［J］．山东社会科学，2021（8）：130-136.

［122］鲁道夫·希法亭．金融资本——资本主义最新发展的研究［M］．福民，译．北京：商务印书馆，1994.

［123］鲁晓东. 金融资源错配阻碍了中国的经济增长吗［J］. 金融研究，2008（4）：55-68.

［124］马红，侯贵生. 企业金融化与盈余管理——基于异质性持有目的的研究视角［J］. 经济经纬，2021（1）：105-113.

［125］尼尔斯·赫米斯，罗伯特·伦辛克. 金融发展与经济增长——发展中国家（地区）的理论与经验［M］. 余昌淼等，译. 北京：经济科学出版社，2001：65-91.

［126］倪志良，宗亚辉，张开志，郭玉清，徐晓宇. 金融化是否制约了实体企业主营业务的发展？［J］. 经济问题探索，2019（3）：51-62.

［127］潘海英，周敏. 金融化对实体经济增长的非线性效应及阶段特征［J］. 金融经济学研究，2019（1）：18-27.

［128］裴祥宇. 美国经济金融化测度研究［J］. 商业研究，2017（1）：91-99.

［129］戚聿东，张任之. 金融资产配置对企业价值影响的实证研究［J］. 财贸经济，2018（5）：38-52.

［130］漆志平. 政治经济学视阈下的经济金融化趋向及其解释——以美国经验资料为研究对象［J］. 求索，2009（12）：60-62.

［131］齐俊妍，王永进，施炳展，盛丹. 金融发展与出口技术复杂度［J］. 世界经济，2011（7）：91-118.

［132］饶华春. 中国金融发展与企业融资约束的缓解——基于系统广义矩估计的动态面板数据分析［J］. 金融研究，2009（9）：156-164.

［133］热拉尔·杜梅尼尔，多米尼克·莱维. 新自由主义与第二个金融霸权时期［J］. 丁为民，王熙，译. 国外理论动态，2005（10）：30-36.

［134］任英华，徐玲，游万海. 金融集聚影响因素空间计量模型及其应用［J］. 数量经济技术经济研究，2010（5）：104-115.

［135］宋军，陆旸. 非货币金融资产和经营收益率的U形关系——来自我国上市非金融公司的金融化证据［J］. 金融研究，2015（6）：111-127.

［136］宋仁霞. "经济金融化"的评价方法研究［J］. 湖南财经高等专

科学校学报，2008，24（115）：38-40.

[137] 孙力军. 金融发展、FDI 与经济增长 [J]. 数量经济技术经济研究，2008（1）：3-14.

[138] 田新民，武晓婷. 金融化对经济增长的非线性影响研究 [J]. 数量经济研究，2019（2）：1-18.

[139] 田新民，武晓婷. 中国经济金融化的测度及路径选择 [J]. 商业研究，2018（8）：78-87.

[140] 万良勇，李宸. 企业金融化对实业投资效率的双重效应及门槛特征 [J]. 财会月刊，2021（7）：27-34.

[141] 王芳. 经济金融化与经济结构调整 [J]. 金融研究，2004（8）：120-128.

[142] 王广谦. 经济发展中的金融化趋势 [J]. 经济研究，1996（9）：32-37.

[143] 王广谦. 中国经济增长新阶段与金融发展 [M]. 北京：中国发展出版社，2004：46-72.

[144] 王红建，曹瑜强，杨庆，杨筝. 实体企业金融化促进还是抑制了企业创新——基于中国制造业上市公司的经验研究 [J]. 南开管理评论，2017（1）：155-166.

[145] 王晋斌. 金融控制、风险化解与经济增长 [J]. 经济研究，2000（4）：11-18.

[146] 王翔，李凌. 中国的金融发展、经济波动与经济增长——一项基于面板数据的研究 [J]. 上海经济研究，2009（2）：34-43.

[147] 王志涛. 政府消费、政府行为与经济增长 [J]. 数量经济技术经济研究，2004（8）：34-39.

[148] 王智勇，李瑞. 人力资本、技术创新与地区经济增长 [J]. 上海经济研究，2021（7）：55-68.

[149] 温涛，陈一明. 社会金融化能够促进城乡融合发展吗？——来自中国 31 个省（直辖市、自治区）的实证研究 [J]. 西南大学学报（社会科学版），2020，46（2）：46-58，191.

[150] 吴晨，李孔岳. 19 世纪以来美国的四次经济危机及其应对策略分析 [J]. 学术研究，2009（7）：78-84.

[151] 吴金燕，滕建州. 经济金融化对实体经济影响的区域差异研究——基于省级面板数据的空间计量研究 [J]. 经济问题探索，2020（7）：15-27.

[152] 吴金燕，滕建州. 中国经济金融化测度及其对实体经济发展的影响研究 [J]. 经济问题探索，2019（9）：19-29，147.

[153] 肖雨. 经济金融化的概念与测度：基于美国数据的 AHP 分析 [J]. 中共杭州市委党校学报，2014（5）：58-64.

[154] 谢家智，王文涛，江源. 制造业金融化、政府控制与技术创新 [J]. 经济学动态，2014（14）：78-88.

[155] 徐云松，齐兰. 区域金融化、地方政府干预与产业结构升级 [J]. 贵州社会科学，2017（11）：124-132.

[156] 闫彦明. 区域经济一体化背景下长三角城市的金融辐射效应研究 [J]. 上海经济研究，2010（12）：27-36.

[157] 严成樑. 现代经济增长理论的发展脉络与未来展望——兼从中国经济增长看现代经济增长理论的缺陷 [J]. 经济研究，2020（7）：191-208.

[158] 杨典，欧阳璇宇. 金融资本主义的崛起及其影响——对资本主义新形态的社会学分析 [J]. 中国社会科学，2018（12）：110-133.

[159] 杨乐毅. 金融深化与经济增长——基于韩国经济金融状况的实证分析 [J]. 管理现代化，2013（3）：89-91.

[160] 叶初升. 经济全球化、经济金融化与发展经济学理论的发展 [J]. 世界经济与政治，2003（10）：49-54.

[161] 尹林辉，付剑茹，刘广瑞. 地区金融发展、政府干预和产业结构调整——基于中国省级面板数据的经验证据 [J]. 云南财经大学学报，2015（1）：42-54.

[162] 于斌斌. 金融集聚促进了产业结构升级吗：空间溢出的视角——基于中国城市动态空间面板模型的分析 [J]. 国际金融研究，2017（2）：12-23.

［163］约翰·伊特韦尔，默里·米尔盖特，彼得·纽曼．新帕尔格雷夫经济学大辞典第二卷：E-J［M］．李庆云，译．北京：经济科学出版社，1996：345-359.

［164］约瑟夫·熊彼特．经济发展理论——对于利润、资本、信贷、利息和经济周期的考察［M］．何畏，易家祥等，译．北京：商务印书馆，1991.

［165］张成思，张步昙．再论金融与实体经济：经济金融化视角［J］．经济学动态，2015（6）：56-66.

［166］张成思，张步昙．中国实业投资率下降之谜：经济金融化视角［J］．经济研究，2016（12）：32-46.

［167］张成思，郑宁．中国实体企业金融化：货币扩张、资本逐利还是风险规避？［J］．金融研究，2020（9）：1-19.

［168］张成思．金融化的逻辑与反思［J］．经济研究，2019（11）：4-20.

［169］张成思．普通商品金融化的形成逻辑［J］．中国人民大学学报，2021（4）：74-85.

［170］张林，冉光和，陈丘．区域金融实力、FDI溢出与实体经济增长——基于面板门槛模型的研究［J］．经济科学，2014（6）：76-89.

［171］张慕濒，诸葛恒中．全球化背景下中国经济的金融化：涵义与实证检验［J］．世界经济与政治论坛，2013（1）：122-138.

［172］张前程．虚拟经济对实体经济的非线性影响："相生"抑或"相克"［J］．上海经济研究，2018（7）：86-97.

［173］张甜迪．金融化对中国金融、非金融行业收入差距的影响［J］．经济问题，2015（11）：40-46.

［174］张同功，刘江薇．新时期中国金融支持实体经济发展的区域差异［J］．区域经济评论，2018（3）：84-95.

［175］张翔，刘璐，李伦一．国际大宗商品市场金融化与中国宏观经济波动［J］．金融研究，2017（1）：35-51.

［176］张亦春，王国强．金融发展与实体经济增长非均衡关系研

究——基于双门槛回归实证分析［J］.当代财经，2015（6）：45-54.

［177］赵峰，田佳禾.当前中国经济金融化的水平和趋势—— 一个结构的和比较的分析［J］.政治经济学评论，2015（6）：120-142.

［178］赵永平.城镇化的经济效应：一个文献综述［J］.当代经济管理，2017，39（6）：50-54.

［179］中共中央马克思恩格斯列宁斯大林著作编译局.列宁全集（第27卷）［M］.北京：人民出版社，1990.

［180］中国金融40人论坛课题组.加快推进新型城镇化：对若干重大体制改革问题的认识与政策建议［J］.中国社会科学，2013（7）：59-76.

［181］周剑南，王志涛.金融化对企业未来财务状况的影响研究［J］.财会通讯，2020（19）：81-85.

［182］周南南，林修宇.金融集聚、技术创新与经济发展——基于面板数据的空间计量分析［J］.宏观经济研究，2020（11）：34-48.

［183］周小亮.供给侧结构性改革提升经济发展质量的理论思考［J］.当代经济研究，2019（3）：32-40.

［184］朱显平，王锐.金融发展、城镇化与经济增长［J］.经济问题探索，2015（11）：8-12.

附　录

附录 A

当分指标为（2002.03—2019.12）：金融业增加值/GDP，金融资产占比，全部 A 股的金融利润占比，金融业就业人数占比时，KMO 值为 0.629>0.6，适合做因子分析。

表 A1　KMO 与 Bartlett's 球形度检验结果

联样足够度的 KMO 度量		0.629
Bartlett's 球形度检验	近似卡方	248.219
	df	6
	Sig.	0.000

表 A2　中国经济金融化指标体系的主成分分析结果

成分		1	2	3	4
相关矩阵特征值	特征值	2.969	0.736	0.244	0.051
	方差贡献率（%）	74.216	18.405	6.107	1.272
	累积贡献率（%）	74.216	92.621	98.728	100.000
各主成分的贡献率和累积贡献率	特征值	2.969			
	方差贡献率（%）	74.216			
	累积贡献率（%）	74.216			

表 A3　中国经济金融化指标体系的因子载荷矩阵结果

	成分
	1
金融资产占比	0.978
金融业增加值占比	0.892
利润占比	0.910
金融业就业人数占比	0.622

表 A4　中国经济金融化指标体系的主成分载荷矩阵结果

A_1	U_1
0.978	0.568
0.892	0.518
0.910	0.528
0.622	0.361

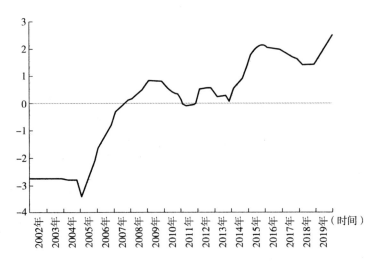

图 A1　中国经济金融化指数（2002 年第一季度至 2019 年第四季度）

附录 B

一、中国经济金融化与实体经济增长

表 B1　中国经济金融化（F1）的实体经济增长效应中单门限回归结果

	变量名称	系数	标准误差	Z 值	P 值
	IE	0.031	0.003	9.03	0.000
	INV	0.019	0.010	1.92	0.055
	GFCE	0.167	0.018	9.47	0.000
	URBAN	0.405	0.045	8.91	0.000
	RD	0.049	0.013	3.66	0.000
Region1 ($F1_{t-1} \leq -0.378$)	F1	0.042	0.011	3.91	0.000
	_cons	1.277	0.041	31.54	0.000
Region2 ($F1_{t-1} > -0.378$)	F1	0.008	0.005	1.50	0.133
	_cons	1.185	0.039	30.16	0.000

表 B2　中国经济金融化（F2）的实体经济增长效应中单门限回归结果

	变量名称	系数	标准误差	Z 值	P 值
	IE	0.027	0.003	8.38	0.000
	INV	0.035	0.011	3.22	0.001
	GFCE	0.205	0.018	11.71	0.000
	URBAN	0.337	0.047	7.13	0.000
	RD	0.052	0.012	4.28	0.000
Region1 ($F2_{t-1} \leq -4.658$)	F2	-0.009	0.008	-1.12	0.263
	_cons	1.002	0.065	15.30	0.000
Region2 ($F2_{t-1} > -4.658$)	F2	0.003	0.002	1.49	0.135
	_cons	1.146	0.040	28.86	0.000

二、中国地区金融化与地区经济增长

表 **B3**　中国地区金融化增长效应模型的多重共线检测结果

变量	VIF	1/VIF
FI	3.95	0.252993
FDI	2.2	0.448581
FINV	3.91	0.255824
GA	2.05	0.488951
SGDP	2.09	0.478593
LAB	2.11	0.473499
TECH	3.23	0.309542
year		
2006	1.86	0.536382
2007	1.94	0.515206
2008	2.02	0.495082
2009	2.31	0.432332
2010	2.48	0.403392
2011	2.75	0.363143
2012	3.08	0.324232
2013	3.68	0.271605
2014	4.09	0.244617
2015	4.73	0.211618
2016	4.94	0.202236
2017	4.78	0.209253
Mean VIF	3.07	

三、中国非金融企业金融化与企业价值

表 B4　中国非金融企业金融化增长效应的门限值估计结果

被解释变量	门限变量	门限值 Threshold1	门限值 Threshold2
TQA	Size	20.930	22.669
	Stock	71.280	
TQB	Size	20.672	20.930
	Stock	51.340	

表 B5　门限变量为企业规模（Size）的双门限回归结果

变量	系数	标准误差	T 值	P 值	95%置信区间
L. Fin_1 ($q_{it} \leqslant \gamma_1$)	4.088	0.758	5.39	0.000	[2.601, 5.574]
L. Fin_2 ($\gamma_1 < q_{it} \leqslant \gamma_2$)	0.335	0.441	0.76	0.449	[−0.531, 1.200]
L. Fin_3 ($q_{it} > \gamma_2$)	−1.020	0.459	−2.22	0.026	[−1.919, −0.121]
L. Lev	−0.113	0.100	−1.13	0.258	[−0.309, 0.083]
L. Fixed	−0.134	0.020	−6.74	0.000	[−0.173, −0.095]
L. Inten	−0.078	0.010	−7.43	0.000	[−0.098, −0.057]
L. Sus	1.383	0.175	7.90	0.000	[1.040, 1.726]
L. Age	0.341	0.029	11.90	0.000	[0.284, 0.397]
L. Stock	−0.002	0.001	−1.75	0.080	[−0.005, 0.000]
常数项	4.212	0.371	11.36	0.000	[3.485, 4.939]

表 B6 TQB 值为替换变量，企业规模（Size）为
门限变量的双门限回归结果

变量	系数	标准误差	T 值	P 值	95%置信区间
L. Fin_1 ($q_{it} \leqslant \gamma_1$)	4.370	1.003	4.36	0.000	[2.404, 6.337]
L. Fin_2 ($\gamma_1 < q_{it} \leqslant \gamma_2$)	1.982	1.022	1.94	0.052	[-0.021, 3.986]
L. Fin_3 ($q_{it} > \gamma_2$)	-0.590	0.509	-1.16	0.247	[-1.588, 0.409]
L. Lev	-0.205	0.126	-1.62	0.105	[-0.453, 0.043]
L. Fixed	-0.183	0.025	-7.27	0.000	[-0.232, -0.133]
L. Inten	-0.079	0.013	-6.00	0.000	[-0.105, -0.053]
L. Sus	1.720	0.222	7.76	0.000	[1.285, 2.154]
L. Age	0.220	0.036	6.08	0.000	[0.149, 0.291]
L. Stock	0.002	0.002	1.40	0.163	[-0.001, 0.006]
常数项	4.212	0.371	11.36	0.000	[3.485, 4.939]

表 B7 门限变量为股权激励（Stock）的单门限回归结果

变量	系数	标准误差	T 值	P 值	95%置信区间
L. Fin_1 ($q_{it} \leqslant \gamma$)	0.404	0.414	0.97	0.330	[-0.408, 1.216]
L. Fin_2 ($q_{it} > \gamma$)	1.162	0.444	2.61	0.009	[0.291, 2.033]
L. Lev	0.181	0.097	1.86	0.062	[-0.009, 0.371]
L. Fixed	0.101	0.022	4.59	0.000	[0.058, 0.144]
L. Inten	-0.027	0.010	-2.60	0.009	[-0.048, -0.007]
L. Sus	1.622	0.171	9.51	0.000	[1.288, 1.957]
L. Age	0.582	0.027	21.70	0.000	[0.530, 0.635]
L. Size	-0.596	0.027	-22.29	0.000	[-0.648, -0.544]
常数项	11.776	0.494	23.86	0.000	[10.809, 12.744]

表 B8 **TQB 值为替换变量，股权激励（Stock）为**
门限变量的单门限回归结果

变量	系数	标准误差	T 值	P 值	95%置信区间
L. Fin_1 ($q_{it} \leqslant \gamma$)	0.087	0.528	0.16	0.870	[−0.948, 1.121]
L. Fin_2 ($q_{it} > \gamma$)	0.999	0.627	1.81	0.070	[−0.084, 2.081]
L. Lev	0.081	0.123	0.65	0.514	[−0.161, 0.323]
L. Fixed	0.113	0.028	4.06	0.000	[0.059, 0.168]
L. Inten	−0.017	0.013	−1.27	0.204	[−0.043, −0.009]
L. Sus	2.084	0.217	9.62	0.000	[1.660, 2.509]
L. Age	0.457	0.034	13.41	0.000	[0.390, 0.523]
L. Size	−0.707	0.034	−20.81	0.000	[−0.773, −0.640]
常数项	11.807	0.494	23.92	0.000	[10.839, 12.774]

附录 C

表 C1　2005—2017 年各区域人均 GDP：取对数

区域		2005 年	2006 年	2007 年	2008 年	2009 年	2010 年	2011 年	2012 年	2013 年	2014 年	2015 年	2016 年	2017 年
东北地区	辽宁	9.9	10.0	10.2	10.4	10.5	10.6	10.8	10.9	11.0	11.1	11.1	10.8	10.9
	吉林	9.5	9.7	9.9	10.1	10.2	10.4	10.6	10.7	10.8	10.8	10.8	10.9	10.9
	黑龙江	9.6	9.7	9.8	10.0	10.0	10.2	10.4	10.5	10.5	10.6	10.6	10.6	10.6
东部地区	北京	10.7	10.8	11.0	11.1	11.1	11.2	11.3	11.4	11.4	11.5	11.6	11.7	11.8
	天津	10.5	10.6	10.8	11.0	11.0	11.2	11.3	11.4	11.5	11.5	11.6	11.6	11.7
	河北	9.6	9.7	9.9	10.0	10.1	10.3	10.4	10.5	10.6	10.6	10.6	10.7	10.7
	上海	10.9	11.0	11.1	11.2	11.1	11.2	11.3	11.3	11.4	11.5	11.6	11.7	11.7
	江苏	10.1	10.3	10.4	10.6	10.7	10.9	11.0	11.1	11.2	11.3	11.4	11.5	11.6
	浙江	10.2	10.4	10.5	10.6	10.7	10.8	11.0	11.1	11.1	11.2	11.3	11.3	11.4
	福建	9.8	10.0	10.2	10.3	10.4	10.6	10.8	10.9	11.0	11.1	11.1	11.2	11.3
	山东	9.9	10.1	10.2	10.4	10.5	10.6	10.8	10.9	10.9	11.0	11.1	11.1	11.2
	广东	10.1	10.3	10.4	10.6	10.6	10.7	10.8	10.9	11.0	11.1	11.1	11.2	11.3
	海南	9.3	9.5	9.6	9.8	9.9	10.1	10.3	10.4	10.5	10.6	10.6	10.7	10.8

续表

区域		2005年	2006年	2007年	2008年	2009年	2010年	2011年	2012年	2013年	2014年	2015年	2016年	2017年
中部地区	山西	9.4	9.6	9.8	10.0	10.0	10.2	10.4	10.4	10.5	10.5	10.5	10.5	10.6
	安徽	9.1	9.2	9.4	9.6	9.7	9.9	10.2	10.3	10.4	10.4	10.5	10.6	10.7
	江西	9.1	9.3	9.5	9.7	9.8	10.0	10.2	10.3	10.4	10.5	10.5	10.6	10.7
	河南	9.3	9.5	9.7	9.9	9.9	10.1	10.3	10.4	10.4	10.5	10.6	10.7	10.7
	湖北	9.4	9.5	9.7	9.9	10.0	10.2	10.4	10.6	10.7	10.8	10.8	10.9	11.0
	湖南	9.3	9.4	9.6	9.8	9.9	10.1	10.3	10.4	10.5	10.6	10.7	10.7	10.8
西部地区	内蒙古	9.7	9.9	10.2	10.5	10.6	10.8	11.0	11.1	11.1	11.2	11.2	11.2	11.1
	广西	9.1	9.2	9.4	9.6	9.7	9.9	10.1	10.2	10.3	10.4	10.5	10.5	10.5
	重庆	9.4	9.5	9.7	9.9	10.0	10.2	10.4	10.6	10.7	10.8	10.9	11.0	11.1
	四川	9.1	9.3	9.5	9.6	9.8	10.0	10.2	10.3	10.4	10.5	10.5	10.6	10.7
	贵州	8.6	8.7	8.9	9.1	9.3	9.5	9.7	9.9	10.0	10.2	10.3	10.4	10.5
	云南	9.0	9.1	9.3	9.4	9.5	9.7	9.9	10.0	10.1	10.2	10.3	10.3	10.4
	陕西	9.3	9.4	9.6	9.9	10.0	10.2	10.4	10.6	10.7	10.8	10.8	10.8	11.0
	甘肃	8.9	9.1	9.2	9.4	9.5	9.7	9.9	10.0	10.1	10.2	10.2	10.2	10.3
	青海	9.2	9.4	9.6	9.8	9.9	10.1	10.3	10.4	10.5	10.6	10.6	10.7	10.7
	宁夏	9.2	9.4	9.6	9.9	10.0	10.2	10.4	10.5	10.6	10.6	10.7	10.8	10.8
	新疆	9.5	9.6	9.7	9.9	9.9	10.1	10.3	10.4	10.5	10.6	10.6	10.6	10.7

表 C2 2005—2017 年各区域经济金融化水平

区域		2005 年	2006 年	2007 年	2008 年	2009 年	2010 年	2011 年	2012 年	2013 年	2014 年	2015 年	2016 年	2017 年
东北地区	辽宁	2.9	3.3	3.5	3.3	3.7	3.5	3.4	3.9	4.6	5.2	6.5	8.2	8.4
	吉林	2.3	2.4	2.4	2.3	2.5	2.2	2.0	2.0	3.1	3.4	4.0	4.5	4.7
	黑龙江	0.6	1.2	2.2	2.1	2.6	2.9	2.9	3.5	4.2	4.7	5.6	5.9	5.9
东部地区	北京	12.1	12.1	13.2	13.7	13.2	13.2	13.6	14.2	14.9	15.7	17.1	16.6	16.6
	天津	3.8	4.2	5.5	5.5	6.1	6.2	6.7	7.8	8.6	9.0	9.7	10.0	10.5
	河北	2.1	2.5	2.6	2.6	3.0	3.0	3.0	3.4	4.0	4.6	5.0	5.4	6.0
	上海	7.3	7.8	9.7	10.1	12.0	11.4	11.9	12.1	12.9	14.4	16.6	16.9	17.4
	江苏	2.6	3.0	4.1	4.2	4.6	5.1	5.3	5.8	6.6	7.3	7.6	7.8	7.9
	浙江	5.1	5.8	6.7	7.7	8.3	8.4	8.4	8.0	7.4	6.9	6.8	6.5	6.8
	福建	2.8	3.2	4.2	4.6	5.0	5.2	4.9	5.2	5.8	6.0	6.5	6.5	6.4
	山东	2.4	2.4	2.9	2.8	3.1	3.5	3.6	3.9	4.3	4.6	4.8	4.9	5.0
	广东	2.9	3.4	5.4	5.4	5.8	5.8	5.5	5.6	6.6	6.6	7.9	7.6	7.6
	海南	1.4	1.5	2.7	3.1	4.0	3.8	4.7	4.6	5.9	6.0	6.6	7.0	6.9
中部地区	山西	3.2	3.5	3.6	4.0	4.9	4.9	4.6	5.3	6.4	7.0	8.9	9.3	8.5
	安徽	2.4	2.7	3.0	3.5	3.6	3.2	3.3	3.6	4.7	5.0	5.6	5.9	6.2
	江西	1.7	1.7	1.7	1.9	2.2	2.6	3.1	3.2	3.8	4.7	5.4	5.7	5.5
	河南	1.7	1.8	2.0	2.3	2.6	3.0	3.2	3.4	4.0	4.3	5.4	5.6	5.6
	湖北	1.9	2.3	3.6	3.5	3.7	3.5	3.4	3.9	4.8	5.0	6.3	7.1	7.4
	湖南	2.5	2.7	2.8	2.9	3.1	2.9	2.5	2.6	3.1	3.5	3.8	4.0	4.7

续表

区域		2005年	2006年	2007年	2008年	2009年	2010年	2011年	2012年	2013年	2014年	2015年	2016年	2017年
西部地区	内蒙古	1.9	2.2	2.3	2.6	3.0	3.0	3.1	3.2	3.7	4.1	4.7	5.5	6.8
	广西	2.3	2.7	3.3	3.5	4.3	4.0	3.8	4.4	5.4	5.6	6.1	6.2	6.9
	重庆	5.3	5.5	5.3	5.2	6.0	6.3	7.0	8.0	8.4	8.6	9.0	9.3	9.3
	四川	3.6	3.4	3.4	3.3	3.7	3.8	4.1	5.5	6.5	6.4	7.3	8.3	8.7
	贵州	3.7	3.8	4.2	4.3	5.0	5.0	5.2	5.3	5.5	5.3	5.8	5.9	5.8
	云南	3.8	3.6	3.5	4.9	5.7	5.2	5.1	5.2	6.1	6.7	7.2	7.4	7.3
	陕西	3.2	3.2	4.0	3.9	4.1	3.8	3.5	3.8	4.6	5.4	6.0	6.1	5.9
	甘肃	2.3	2.2	2.3	2.3	2.6	2.4	2.9	3.3	4.6	5.3	6.5	7.0	7.4
	青海	3.7	3.7	3.5	3.6	4.2	4.0	3.7	4.4	6.8	7.6	9.1	9.6	10.5
	宁夏	5.3	5.1	5.6	5.4	5.6	5.8	6.4	7.2	8.0	8.4	8.8	9.0	9.1
	新疆	3.1	3.3	4.2	4.1	4.6	4.1	4.4	4.8	5.6	5.8	6.0	5.9	5.7

后　记

本书以"经济金融化的增长效应"为论证主题，从不同视角界定经济金融化，对金融在经济系统中的地位转向过程及其结果进行分析，并整合传统经济学的相关研究，为经济金融化与经济增长之间关系的探究提供理论基础。本书通过构建指标体系，对经济金融化进行测度，并系统分析了宏观、中观、微观三个视角下经济金融化的增长效应，揭示了不同经济金融化程度下金融对经济增长的影响。本书的研究重点为经济金融化的增长效应，包括经济金融化对实体经济增长的影响、对区域经济发展不平衡的影响，以及非金融企业金融化的动机及其与企业价值的关系。在研究中，采用多种方法进行实证分析，以避免视域偏向性问题，同时对理论分析进行了多重验证。本书从构建金融有效支持实体经济的体制机制、推动金融服务区域经济协调发展及完善非金融企业的经营机制等方面，对如何把控经济金融化的"度"、提升经济实体化的"质"、助力我国经济高质量发展提出了一些具体建议。

从选题到定稿，再到出版，历时近四年的时间，凝结了很多老师、同事、朋友的鞭策与督促、指导与建议，以及家人的体谅与支持。在这段时间里，有坚持也有徘徊，有欢笑也有泪水，但更多的是对这一切的感恩，感恩所有帮助过我的人，感恩所有教会我成长的事，感恩那个坚持下来的自己。

本书的出版得到了经济管理出版社编辑的大力支持和青岛理工大学的出版经费资助。我衷心地希望本书能为我国经济的高质量发展道路做出一点贡献。限于学识，本书的疏漏乃至错误之处肯定存在，敬请学术界前辈及同仁、读者批评指正。

宋　博

2023 年 7 月